Horst Bienek

Workuta

Horst Bienek
Workuta

Herausgegeben und mit einem Nachwort
von Michael Krüger

WALLSTEIN VERLAG

Workuta

Ich war das erste Mal in meinem Leben in Leipzig. Es war der letzte Tag der Buchmesse 1990. Mein Verlag hatte eine Lesung im Gohliser Schlößchen organisiert. Dort hatten früher die wichtigen Lesungen von DDR-Schriftstellern stattgefunden, über die man später noch lange gesprochen hatte, weil sie so ganz anders waren als üblich. Ich las aus der »Zelle«, dem Roman, der gerade erschienen war, mein Münchner Verlag hatte das Buch gedruckt, gebunden, mit einem neuen Umschlag versehen, und eine Auflage von zehntausend Stück war sofort vergriffen. Im Impressum stand Verlag Kiepenheuer Weimar und Berlin. Der Verleger sagte mir, wenn sie das selbst gedruckt hätten, hätte das sicher mehr als ein Jahr gedauert, und gerade dieses Buch war ihm (und den Lesern in der DDR) wichtig.

Der Saal war voll. Ich war überrascht, später, bei den Fragen, wie gut die Zuhörer informiert waren. Nicht nur über die »Zelle«, sondern auch über meine Schlesien-Bücher, die sie ja nicht lesen konnten. Aber sie hatten wohl davon gehört. Und jetzt konnten sie auch darüber reden. Denn viele von ihnen waren aus Schlesien, sie waren 1945 und 1946 von dort nach Sachsen geflohen oder später umgesiedelt worden. Sie durften in der DDR nicht darüber sprechen, daß sie aus Schlesien waren. Die ersten Jahre danach, ja. Aber später war das Thema tabuisiert. Warum, das wußte niemand so genau zu sagen. Schlesien sollte es nicht geben, nicht einmal in der Erinnerung. War jemand aus Breslau, so bekam er in seinen Ausweis hineingeschrieben: Wrocław, Polen. Oder war er aus

Gleiwitz, da sagte man, er ist aus Gliwice, Polen. Und Oberschlesien gab es nicht, hat es nie gegeben. Das hieß einfach Gorny Slask, Polen.

Nach der Lesung gab es eine Diskussion. Die wollte gar nicht enden. Es stellte sich heraus, daß die Leute nichts über Literatur wissen wollten, aber über meine Erfahrungen in der Zelle, in Workuta, über meine Erinnerungen an Schlesien. Es war, als ob sie das erste Mal darüber öffentlich reden durften, und wahrscheinlich war es auch so.

Nach einer Weile erzählten sie ihre eigene Geschichte. Sie waren alle Geschlagene. Einige von ihnen hatten in Bautzen gesessen, oder in Waldheim. Einer hatte in Moskau in der Butirka gesessen, und er glaubte, mir dort begegnet zu sein. Einer sagte, in Workuta müßte ich einem Walter Bauer begegnet sein, er soll dort noch bis 1955 im Schacht gearbeitet haben, es war ein Kumpel von ihm, danach war er verschollen. Er hatte keine Nachricht von ihm.

Wieder einer erzählte von Workuta, vom Streik 1953, der im Schacht 29 ausgebrochen war, und er glaubte, mir dort begegnet zu sein, er berichtete Details, die ich selbst schon verdrängt hatte.

Aber sie stimmten, und sie brachten mir die Ereignisse wieder in Erinnerung zurück. Ja, so war es wohl gewesen. Die dreihundert Deutschen im Lager, unter etwa dreitausend Ukrainern oder Balten oder Russen, wir kannten uns alle, auch wenn wir in ganz verschiedenen Baracken zusammengepfercht waren. An ihn konnte ich mich jetzt nicht erinnern, er war Pole und gehörte nicht zur deutschen Gruppe. In Wirklichkeit war er jedoch ein Deutscher, aus dem polnischen Oberschlesien, er sprach fließend Polnisch und er hatte sich als Pole ausgegeben, in der Hoffnung, vielleicht eher entlassen zu werden.

Ich sagte nichts mehr. Ich hörte nur noch zu. Und der Mann hörte gar nicht auf zu reden.

Ein Mann meldete sich zu Wort: Er war grauhaarig, sein Gesicht etwas gegerbt, als hätte er lange draußen im Freien gearbeitet. Er stand nicht auf, als er redete, er wollte wohl in der Masse nicht allzu sichtbar werden. Seine Stimme zitterte ein wenig. Ich glaube, er sprach zum ersten Mal öffentlich darüber. Als er geendet hatte, sah ich, daß sein Gesicht naß war. Ich weiß nicht, hatte er geweint oder war er verschwitzt.

Es war still im Saal. Keiner wagte weiter zu sprechen. Nun stand der Mann doch auf. Er sagte: Sie haben viele Bücher geschrieben, haben wir gehört. Warum haben Sie nicht über Workuta geschrieben?

Ich schwieg. Ich wußte nicht zu antworten. Diese Frage hatte mir auch noch keiner gestellt. Ich habe in vielen Städten, auch im Ausland, aus der »Zelle« gelesen, und die Zuhörer sagten manchmal, wie schrecklich, wo haben Sie diese Zelle erlebt, und wie haben Sie das überstanden. Aber nach Workuta hat bisher keiner gefragt.

Ich bin nach Haus gefahren. Ich habe mich an den Schreibtisch gesetzt. Es waren 35 Jahre seitdem vergangen. Und seit 35 Jahren war mir das nicht mehr so nahe gewesen.

Ja, jetzt war es vor mir, als sei es erst gestern geschehen.

Ich wußte, jetzt muß ich darüber schreiben.

Verhör

Plötzlich, in der Nacht, wurde mit dem Schlüssel gegen meine Tür gescheppert. Dawei, dawei, schrie der Wärter, während er mit lautem Geräusch den Riegel an der Tür zurückschob. Er hielt ein Stück Papier in der Hand: Kak Familie, fragte er und verglich meinen Namen mit dem Zettel. Paidiom, sagte er. Ohne Decke, ohne Blechschüssel. Um diese Zeit konnte es nur zum Verhör gehen. Denn die Verhöre wurden immer, und bei allen, des Nachts ausgeführt. Wir gingen durch den Korridor, und dann durch eine Schleuse, wo ein anderer Wärter bei Scheinwerfer-Licht Wache hielt. Auf der anderen Seite des Gefängnisses war der zivile Teil mit den Verhörräumen. Der Wärter lieferte mich ab. Ich mußte auf einem wackligen Stuhl Platz nehmen. Ich war auf der einen Seite. Auf der anderen Seite der Verhörbeamte. Es war ein höherer Offizier, jedenfalls hatte ich noch keinen mit soviel Aufschlägen am Kragen und mit soviel Orden an der Brust gesehen. Der Schreibtisch war mit rotem Tuch bezogen, und der Beamte saß da, stämmig, breitschultrig, seine Gesichtszüge waren weich und schwabbelig, sie schienen zu zerfließen. Hinter ihm hing ein großes Stalinbild. Ich versuchte nicht hinzusehen. Ich dachte manchmal, was geschähe, wenn ich von meinem Stuhl aufspränge und den Offizier attackierte? Ich würde gar nicht bis zu ihm kommen.

Der Schreibtisch war leer. Nur ein Stapel Papier und ein Faß mit Tinte. Der Verhörer sah mich an. Er sah mich sehr genau an. Er musterte mich. Er schaltete einen Scheinwerfer ein, der mich blendete. Nur für ein paar Sekunden, dann schaltete er ihn wieder aus. Als ob er nur probiert hätte, ob alles klappt. Er fragte mich nach meinem Namen.

Er zog einen Bogen Papier zu sich näher heran. Schrieb meinen Namen auf. Er schrieb weiter, ohne mich noch etwas zu fragen. Er schrieb. Er schrieb die halbe Nacht. Gegen Morgen – es graute bereits durch das Gitterfenster, drückte er auf eine Klingel, die ich vorher gar nicht bemerkt hatte, und der Wärter kam wieder herein. Er befahl mir, aufzustehen und mit ihm zu gehen. Wieder durch die Schleuse, in den Gefängnistrakt.

Das wiederholte sich in der nächsten Nacht. Wieder fragte der Verhörbeamte nach Name und Vatersname, das war alles. Als ich einmal fragte, warum ich nicht verhört würde, schob er meine Worte mit der Hand zurück. Hier hatte nur einer zu fragen, und das war er.

In der dritten Nacht fing ich an zu schreien.

Ich wurde danach zwei Nächte lang nicht zum Verhör geholt. Dann ging es wieder los. Zum ersten Mal sprach der Verhörbeamte mit mir, und zu meiner Verwunderung in einem sehr guten Deutsch. Erzählen Sie, wie oft waren Sie bei der CIA? Welche Aufträge haben Sie vom CIA-Residenten Günter Grell bekommen? Sie haben doch ein Telefonbuch nach Westberlin gebracht und dem CIA-Residenten Grell übergeben. Ich wußte nicht, daß Grell für die CIA gearbeitet hat. Und was ein Resident ist, wußte ich auch nicht. Ja, das Telefonbuch hatte ich nach Westberlin gebracht. Aber das war doch nicht verboten.

Sie sollen nur meine Fragen beantworten, sonst nichts. Erzählen Sie weiter. Und der Beamte schrieb und schrieb. Ich wunderte mich, was er denn da alles aufschrieb. Ich hatte nichts zu erzählen.

Die nächsten Nächte bestanden aus Wiederholungen. Erzählen Sie weiter. Und der Beamte schrieb und schrieb.

Er nahm einen neuen Bogen Papier vom Stapel und schrieb mit einer violetten Tinte. Er sah mich manchmal an. Aber so, als sei er in anderen Gedanken versunken. Ich glaube, er hörte mir gar nicht zu.

Ein paar Tage später sagte er plötzlich: Am 16. Februar, haben Sie gesagt, seien Sie Grell in der S-Bahn begegnet, rein zufällig. Finden Sie das nicht merkwürdig. Jede zwanzig Minuten fuhr eine S-Bahn von Potsdam nach Ostberlin zum Bahnhof Friedrichstraße. Und ausgerechnet dort sollten Sie Grell treffen.

Grell wußte, daß ich jeden Morgen mit der S-Bahn von Potsdam nach Friedrichstraße fuhr, im ersten Wagen, dort trafen wir Potsdamer uns. Ich las in dieser Zeit Balzac. Jeden Morgen eine Stunde Balzac. Vielleicht habe ich es ihm gesagt, daß ich jeden Morgen mit der S-Bahn zum Bahnhof Friedrichstraße fuhr. Und Balzac las.

Im Protokoll vom 20. Februar haben Sie zugegeben, sich mit Grell in einem Café Kranzler am Kurfürstendamm getroffen zu haben. Also nicht in der S-Bahn, wie Sie jetzt sagen. Sie verwickeln sich in Widersprüche.

In einer anderen Verhörnacht lag auf dem Schreibtisch des Beamten ein Stapel Zeitungen. Ich sah sofort, das waren die Zeitungen und Illustrierten, die sie bei mir beschlagnahmt hatten. Er fing auch gleich damit an. Sie haben verbotene Literatur aufbewahrt. Hier ein Artikel über die rote Kapelle. Wir haben das prüfen lassen. Es geht um die Spionagegruppe Rote Kapelle, die jetzt im Westen noch weiter existiert und gegen uns arbeitet. Sie wissen, daß die Rote Kapelle jetzt von den Amerikanern unterwandert ist. Wann haben Sie sich mit Agenten der Roten Kapelle getroffen, und was haben Sie für Aufträge bekommen.

Ich habe niemanden von der Roten Kapelle getroffen. Ich weiß gar nicht, daß es sie heute noch gibt. Ich habe mir diese Illustrierten-Serie besorgt, weil ich eine Novelle über die Tänzerin Liane Berkowitz schreiben wollte. Sie war Mitglied der Roten Kapelle, sie ist 1943 verhaftet und von den Nazis aufgehängt worden. Darüber wollte ich etwas schreiben.

Der Beamte ließ zum ersten Mal ein spöttisches Lächeln über seinen Mund streichen. Hier haben Sie die Illustrierte (es war der Stern), lesen Sie, und zeigen Sie mir, wo etwas über die Agentin Berkowitz steht. Er klingelte nach dem Wärter, und der schob einen schmalen Tisch herein. Darauf legte mein Verhörbeamter den Packen mit den Zeitungen.

Lesen Sie. Und zeigen Sie mir, was über die Agentin Berkowitz darin steht. Ich laß Sie jetzt allein. Verlassen Sie aber nicht Ihren Stuhl. Ein Wärter wird Sie beobachten. Er klingelte und der Wärter kam herein, er setzte sich in den Sessel. Es gefiel ihm, und er grinste mich an. Tschitaj, tschitaj, sagte er.

Ich las eine Stunde. Ich las zwei Stunden. Ich vergaß, wo ich mich befand. Zum ersten Mal seit Monaten las ich deutsche Sätze. Sie machten mich taumeln. Ich weinte. Als der Verhörbeamte zurückkam, fragte er mich: Haben Sie den Namen gefunden? Nein, ich hatte ihn nicht gefunden. Ich spürte, daß er mir nicht glaubte. Aber er sagte: Lassen Sie das alles liegen. Morgen suchen Sie weiter.

In der nächsten Nacht saß ich wieder auf meinem wackligen Stühlchen und las. Als ich fertig war, sagte ich: Nein, der Name Berkowitz ist nicht dabei. Ich verstehe das nicht. Sie hat gegen die Faschisten gekämpft und ist deshalb aufgehängt worden, zweiundzwanzig Jahre alt.

Ja, aber Sie haben den Namen nicht gefunden. Sie haben uns belogen.

Er zeigte mir einen Zeitungsausschnitt, den sie bei mir beschlagnahmt hatten. Eine Karikatur, es war die Zeit, als Mossadegh die Ölfelder in Persien verstaatlichen ließ. Stalin, mit einem wilden Schnurrbart, stand breitbeinig auf der Landkarte von Persien und trank aus einem Ölkännchen. Und darunter stand: Und Stalin trinkt das Öl.

Gehört Ihnen das? fragte er mich. Ich zuckte mit den Schultern. Dafür kriegen Sie allein zehn Jahre, sagte er. Paragraph: 58, 10: Antisowjethetze.

An die vier Wochen ging das so mit den Verhören, mit den Wiederholungen, mit den Protokollen. Unterschreiben Sie. Der Verhörbeamte lehnte sich zurück. Er atmete durch. Auch er war froh, an ein Ende gekommen zu sein. Ich unterschrieb alles. Ich war froh, wieder in meine Zelle zu kommen. Ich konnte zwei Stunden schlafen. Dann wurde zum Kübeln geschlagen. Und die Kalfaktoren brachten einen Kanten Brot und heißen Kaffee.

Eines Tages kam ich in die Frisörstube, mir wurden die Haare geschnitten. Da wußte ich, ich komme hier nicht mehr raus. Das bedeutete: schuldig.

Zwei Tage später wurde ich Grell gegenübergestellt. Er hatte Wunden und Verbände im Gesicht. Sag alles, sagte er zu mir. Ich habe alles gestanden.

Aber ich hatte schon alles gesagt. Und es war dem Verhörer zu wenig gewesen. Im Grunde wollte er nur, daß ich meine Verbindung zu amerikanischen CIA-Agenten zugebe. Aber ich kannte keinen. Außer Grell. Das hatte ich ja bereits zu Anfang meiner Verhöre zugegeben. Grell habe ich nie mehr gesehen. Er soll zum Tode verurteilt worden sein. Später, im Lager, gingen Gerüchte um, er sei nach Moskau gebracht worden, in die Lubljanka, dort im Keller wurden noch bis zu Berijas Tod Häftlinge erschossen.

Und da hatte ich nicht gewußt, daß er CIA-Agent gewesen war. Sie hatten ihn aus Westberlin entführt.

Ich wurde nicht gefoltert, ich wurde nicht geschlagen. Ich wurde höchstens mal mit Scheinwerfern geblendet. Einmal kam der Staatsanwalt aus Karlshorst. Er trug noch mehr Kragenspiegel, und noch mehr Orden an der Brust. Er sagte nichts. Er hörte nur zu. Ein Dolmetscher übersetzte ihm alles. Mein Verhörbeamter fragte mich vor dem Staatsanwalt aus, was er schon viele Dutzendmal gefragt hatte. Ich antwortete ihm, was ich ihm schon ein Dutzendmal geantwortet hatte. Er war freundlich. Wie überhaupt sich in der letzten Zeit so eine Art Vertrauen zwischen uns entwickelt hatte. Er schob immer wieder seine Blätter zurecht. Sah mich nicht an, und auch nicht den Staatsanwalt.

Der Dolmetscher übersetzte. Er schrie mich einige Male an. Warum du lügen vor Staatsanwalt? schrie er. Jeder Häftling könnte lügen. Aber nicht vor dem Anwalt des Staates. Da gab es einen Paragraphen 95. Und dafür konnte man extra fünf Jahre bekommen. Er klärte mich darüber auf. Ich schwieg. Aus Wut schlug er mir mit dem Blechlineal ins Gesicht. Er schlug mir dabei zwei Zähne raus. Es blutete furchtbar. Das Verhör wurde abgebrochen.

Tribunal

Etwa alle fünf bis sechs Wochen gab es Tribunal. Also Gerichts-Verhandlungen. Ich weiß nicht, wie sich das im Bau immer rumgesprochen oder rumgeklopft hat. Ich glaube, die Zellen vorn im Korridor hatten gehört, wie der Blechnapf hingestellt wurde. Das bedeutete, der Häftling kam nicht mehr in seine alte Zelle zurück. Nach dem Tribunal kam er in die Tribunal-Zelle. Also in die Massenzelle. Von dort konnte man auch ziemlich ungestört das Urteil durch die Wand klopfen. Da waren so viele Häftlinge, und die stellten sich vor die Tür, so daß der wachhabende Wärter gar nicht herausbekam, wer gerade klopfte.

Eines Tages kam ich dran. Ein Soldat fragte nach Namen und Geburtsdatum. Er verglich das mit seiner Liste. Dieser einfache Soldat war geradezu glücklich, daß er mich herausgefischt hatte. Er strahlte über das ganze Gesicht. Die deutschen Namen waren nämlich ganz schwierig auszusprechen. Dann mußte ich raustreten, mußte den Blechnapf, Decke und Strohsack mitnehmen und vorn auf der Treppe abstellen. Freilich immer mit dem Gesicht zur Wand. Alles deutete aufs Tribunal.

Ich mußte ziemlich lange warten. Immer mit dem Gesicht zur Wand. Dann kam ein Natschalnik und führte mich durch die Schleuse in das andere Gebäude. Dort mußte ich wieder vor einer Eisentür warten, die durch ein elektrisches Signal geöffnet wurde. Ich wurde eingelassen. Es war ein verhältnismäßig großer Raum mit einem langen Tisch in der Mitte, darauf war ein rotes Tuch ausgebreitet, dahinter saßen drei Uniformierte, offensichtlich Offiziere, was ich an den Schulterklappen sehen konnte, mit Spangen von Orden an der Brust. An der Wand prangte ein großes Stalin-Porträt.

Für mich war ein Holzstuhl postiert, direkt vor dem roten Tisch, aber doch in genügender Entfernung. Ein Wärter stand daneben. Und ein junger Offizier, der nur eine einzige Ordensspange an der Uniform trug, das war, wie sich herausstellte, der Dolmetscher. Auf der linken Seite stand ein altes Klavier. Die drei Offiziere erhoben sich, sagten etwas, was ich nicht verstand und was der Dolmetscher nicht übersetzte, dann setzten sie sich wieder. Der Vorsitzende blätterte ein wenig in den Akten, eher gelangweilt und als Pflichtübung. Er sagte etwas und der Übersetzer nannte meinen Namen, mein Geburtsdatum, Tag der Verhaftung, angeklagt wegen Paragraph 58,6 und 58,10 und 58,11. Dann las er etwas aus der Akte vor, und der Übersetzer übersetzte erst gar nicht. Er stand gelangweilt neben dem roten Tisch. Die Beisitzer waren gelangweilt, sie hofften, der Chef würde es kurz machen. Das tat er auch. Aber gewisse Regeln mußten eingehalten werden.

Ich wußte von den andern, daß die Militärrichter, wenn sie aus Karlshorst herkamen, schon das Urteil fix und fertig mitbrachten. Und das war logisch so. Sie hatten meine Verhörprotokolle gelesen, besser durchgesehen und wohl im Korridor, auf dem Wege zum Sitzungszimmer, bevor ich aus der Zelle geführt wurde, das Urteil festgesetzt. Die anderen Richter waren gelangweilt, einer stocherte in den Zähnen, der andere tat so, als müßte er noch rasch in meine Akte hineinsehen, der dritte war unausgeschlafen und gähnte in einem fort. Der Übersetzer übersetzte nicht. Ich habe nicht verstanden, sagte ich, als der Vorsitzende eine kleine Pause machte. Das schien dem Dolmetscher aber in Ordnung so.

Das dauerte nicht länger als vielleicht eine Viertelstunde, so vom Gefühl her, würde ich sagen. Der Vorsitzende Richter sagte dann, ich hätte ein Schlußwort, aber ich dürfte nicht länger als drei Minuten reden. Ich war ziemlich verwirrt. Was kann ich schon in drei Minuten sagen. Und ich hatte jetzt ohnehin vor Aufregung vergessen, was ich mir vorher zurechtgelegt hatte. Ich sagte: Ich bin Marxist und werde für immer für das Wohl des Sozialismus kämpfen. Sollte ich mich schuldig gemacht haben, dann bitte ich um ein strenges und gerechtes Urteil. Ich hoffe, stotterte ich, auf Freispruch und ich werde mein ganzes Leben für den Sozialismus ... Der Dolmetscher sagte etwas, ich war mir aber nicht sicher, ob er übersetzte oder mit seinen Vorgesetzten nur über das Wetter sprach. Geben Sie mir eine Strafe auf Bewährung, und ich werde mich bewähren. Ich unterbrach mich selbst, denn die Richter hörten gar nicht hin. Sie nahmen ihre Mützen, die sie wie ein Schutzschild vor sich auf den roten Tisch gelegt hatten, und setzten sie auf. Sie erhoben sich und verließen den Raum. Keiner sah mich an. Auch die Richterin nicht. Sie schob ihren etwas dicken unförmigen Körper als letzte durch die Tür.

Das Gericht, sagte der Dolmetscher auf einmal ziemlich laut, zieht sich zur Urteilsfindung zurück. Er setzte sich an das Klavier und klimperte ein bißchen herum. Er langweilte sich offensichtlich. Denn auch er kannte ja schon die Urteile. Es waren immer dieselben: 25 Jahre.

Ich redete nervös mit dem Dolmetscher, immerhin war das jemand, der vielleicht in einer Stunde auf der Straße spazierengehen würde, an den Schaufensterscheiben stehenbleiben, in einen Bus einsteigen würde. Ich konnte das nicht. Ich sagte: ich bin doch Schüler von Brecht gewesen, der wird mich schon hier rausholen. Sie müßten das Herrn Brecht mitteilen. Der Dolmetscher klimperte weiter und schob die Schultern hoch.

Was meinen Sie, werde ich mehr als zehn Jahre kriegen? Ich konnte mir zwar gar nicht vorstellen, zehn Jahre im Gefängnis oder im Lager zu bleiben. Aber das war ja – wenn ich an die anderen Urteile dachte – eine verhältnismäßig kurze Dauer, und mit einer Amnestie könnte ich ja nach fünf Jahren freikommen. Vielleicht habe ich Glück und kriege nur fünf Jahre, dachte ich. Aber fünf Jahre, das wäre viel zu lange. Die Welt draußen würde sich verändern und ich nicht mehr zu ihr gehören, nach fünf Jahren.

Was meinen Sie, fragte ich den Dolmetscher, der immer noch auf dem Klavier klimperte, gibt es auch Freisprüche? Ich habe ja nichts getan. Die Sache mit den Flugblättern lag auch schon länger zurück, und das würde wohl kaum zu einer jahrelangen Strafe ausreichen. Der Dolmetscher lachte laut. Bleiben Sie ruhig, sagte er, in eine Melodie hinein, die er ganz flüssig herunterperlte.

Ich sprach laut zu mir. Lieber Gott, lass mich freikommen. Ich werde jeden Sonntag in die Kirche gehen und zu Dir beten.

Ich wußte, daß ich nicht so schnell entlassen werden würde. Wer erst einmal bei dem KGB gesessen hat, der hat schon viel zu viel im Gefängnis gesehen, gehört und erfahren. Das mußte geheim bleiben. Wenigstens für ein paar Jahre. Ich streifte mir mit der rechten Hand über den nackten, borstigen, kahlgeschorenen Schädel.

Dann kam das Gericht zurück, ich mußte aufstehen und mir das Urteil anhören. Paragraph 58,6, Spionage, zwanzig Jahre, Paragraph 58,10 des Russischen Strafgesetzbuches, Antisowjethetze, zehn Jahre, Paragraph 58,11 Bandenbildung wird gestrichen, zusammengezogen auf 20 Jahre. Ich war wie versteinert. Ich weiß nicht, warum ich bis vor ein paar Sekunden noch geglaubt hatte, ich würde mit zehn, mit fünf Jahren davonkommen, vielleicht sogar freigesprochen werden. Dabei wußte ich doch von den andern durch die Wand, daß sie alle 25 Jahre, also Norma bekommen hatten. Nein, das hatte ich doch nicht erwartet. Ich konnte mich nicht bewegen. Ich war wie aus Stein. Nicht einmal schreien konnte ich.

Der Dolmetscher und der Wärter sahen mich genau an. Wer weiß, was sie schon für Reaktionen erlebt hatten. Sollte ich mich auf den Richter stürzen, dann würden sie mich sofort festhalten. Sie kamen zu mir und hielten mich auch so fest. Sie griffen mir unter die Arme und zerrten mich hinaus. Die Richter setzten ihre Mützen auf und verließen noch vor mir den Raum. Das Ganze hatte gewiß nicht länger als zwanzig Minuten gebraucht. Mir schien es jetzt, als ob ich vor einem Jahr hier hineingeführt wurde. Die Zeit war stehengeblieben.

Meine Seele war wie aus Blei. Ich wurde in die Tribunal-Zelle gebracht, meine Decke, der Strohsack und die Blechschüssel wurden mir vom Wärter nachgeschoben. Ich wurde von den andern mit großem Hallo empfangen. Die Tage des Tribunals waren hier kleine Festtage. Es kamen neue Leute in die Zelle, und man erfuhr etwas von neuen Schicksalen. Am Ende waren es immer fünfundzwanzig Jahre Knast, aber das waren sie gewöhnt. Ich hatte nur zwanzig Jahre. Also, sie starrten mich ungläubig an. Das war so gut wie unschuldig.

Ich war wie aus Blei. Ich konnte nicht sprechen. Mein Blut pulsierte nicht. Ich konnte mich kaum bewegen. Erst nach zwei Tagen flutete wieder Wärme in meinen Körper. Ich fing an zu heulen.

Zwanzig Jahre, sagt einer unter dem Gelächter der andern. Dann bist du ja so gut wie unschuldig. Wir alle haben hier für Jahre länger. Rechne dir aus, wann du rauskommst, wie alt bist du dann? Ich konnte nicht antworten.

Zu lang war die Zeit bis dahin. Aber denk nicht darüber nach. Das sitzen wir mit dem blanken Arsch auf der Rasierklinge ab.

Und einer von ihnen holte einen Nagel aus dem Saum seines Hemdes. Wie heißt du? Fragte er, Bienek, aus Potsdam, 20 Jahre, 22 März 1951, das ritzte er in die Wand ein, wo schon viele Namen und viele Strafjahre eingeritzt waren. Ich habe sie mir später angesehen, alle gelesen.

Nicht lange danach knallte die Tür, wieder gab es ein großes Geschrei, ja, so etwas wie Jubel, ein anderer wurde durch die Tür in die Zelle geschoben. Labude, aus Babelsberg, 25 Jahre, ritzte einer neben meinen Namen in die Wand. Mal sehen, wie viele heute noch kommen werden. Es geht ziemlich schnell, sagte er.

Nach Berlin-Lichtenberg

Mittwoch gab es immer Transport. Ich wußte nicht, wann ein Mittwoch war. Aber mittwochs in aller Frühe waren andere Geräusche in den Gängen als sonst, wenn das Kübeln begann. Es gab eine Unruhe, die nicht zu definieren war. Stiefel knallten lauter als sonst. Ein Laufschritt war zu vernehmen. Die Posten riefen sich etwas zu, was wir nicht verstanden. Es waren russische Wörter, die mußten etwas zu bedeuten haben. Die Geräusche einer Blechschüssel auf den Fliesen, das war das Geräusch des Transports. Jetzt kam es darauf an, würden sie auch an meiner, an unserer Tür stehenbleiben? Man hörte die Zellentüren schlagen. Die Posten haben niemals einen Namen genannt. Sie rissen die Tür auf, hielten einen Zettel in der Hand, und dann fragten sie: Kak familia. Geboren wann? So viel Russisch kannten wir schon alle. Manchmal mußten wir den Namen wiederholen, ganz langsam, und sie buchstabierten das vom Zettel ab. Dann sagten sie: dawei, dawei, und wir folgten ihnen, eine Decke unterm Arm, die Blechschüssel in der Hand. Das stellten wir im Korridor vor die Tür. Und möglichst so, daß das metallne Geräusch uns verriet: heute Mittwoch, heute Transport. Ich sah, als ich im Gang stand, vor zwei anderen Türen schon eine Decke liegen und Schüsseln. Gesicht zur Wand, das war neu. Und dann führte mich der Wärter durch die Schleuse. Er schlug mit dem Schlüssel gegen das Geländer, das konnte man bis in die andern Stockwerke hören, auf meiner Seite waren das drei Stockwerke. Es soll im Keller auch noch Zellen geben.

Es waren drei Soldaten in langen russischen Militärmänteln, die um mich herumstanden. Die Mäntel waren ihnen viel zu lang, sie wurden überhaupt nur durch einen breiten Gurt zusammengehalten. Sie trugen weder einen

Stern noch eine Schulterklappe, an denen ich irgendeinen Rang hätte sehen können. Nur einer von ihnen trug die schicke Uniform des KGB mit breiten Schulterstücken. Der stand etwas abseits und sah nur zu, wie sie mich wegbrachten. Die beiden Soldaten in den langen Mänteln brachten mich in eine Art Warteraum. Dort saßen schon auf einer Treppe zwei Häftlinge, die ich nicht kannte. Nun hatte ich ja, seitdem ich im Gefängnis war, niemanden von meinen Mithäftlingen gesehen. Die beiden hätte ich auf zehn oder mehr Jahre älter als ich geschätzt, sie hatten kahlgeschorene Köpfe, die Haut im Gesicht war blaß wie aus Papier, die Wangenknochen darunter hart, eckig. Sie saßen da, verängstigt, und im Grunde sahen sie gar nicht zu mir auf. Ich stand oben und sah zu ihnen herunter. Wie schrecklich und menschenfern sie aussahen mit ihren kahlgeschornen Köpfen, ganz menschenunwürdig. Ich sah mich erst eine Woche später in einer Fensterscheibe, und entdeckte erst da, daß ich ebenfalls kahlgeschoren war. Ich erschrak, und ich dachte damals, als ich mich so sah, das müßte ein anderer sein.

Auch die beiden erschraken vor mir, sie sind erst vor ein paar Minuten aus verschiedenen Zellen in den Warteraum gekommen. Die Tür hinter mir knallte zu, und ich setzte mich zu ihnen auf die kalte Treppe. So war ich einer von ihnen. Erst als der Wärter sich mit dem Geräusch des schlagenden Schlüssels entfernte, sah mich der eine an und fragte: Wann haben sie dir die Haare geschnitten? Als ob es nichts Wichtigeres in diesem Moment gäbe als das. Ich wußte nicht darauf zu antworten. Ja, sie hatten mir die Haare geschnitten, ein Kalfaktor, und ich hatte mir mit der Hand über den kahlen, etwas rau anmutenden Schädel gestrichen, um zu spüren, wie das Gefühl war, keine Haare mehr auf dem Schädel zu haben. Aber ich wußte nicht, daß ich so aussehe wie die beiden vor mir da.

Wie heißt du, fragte der andere. Und ich nannte meinen Namen. In welcher Zelle warst du. Und ich nannte meine Zelle Nr. 17, und nach dem Tribunal Nr. 22. Aber ich wußte nicht, in welchem Stock das war.

Bist du schon lange im Gefängnis? Darauf hatte ich ebenso wenig eine Antwort wie auf die Frage nach meinem kahlgeschornen Kopf.

Seit wann bist du verhaftet.

Das wußte ich nun genau. Es war der 8. November 1951 gewesen. Sie wollten die neuesten politischen Nachrichten von mir wissen. Aber das war so lange her. Am Tag vorher wurde in Berlin der Tag der Großen Oktober-Revolution gefeiert. Das wollten sie gar nicht hören.

Die beiden schienen vertrauter miteinander zu sein, als ob sie sich schon länger kannten. Aber es war nicht wirklich so, sie waren sich erst ein paar Minuten vor mir hier in der Wartezelle begegnet. Der eine, der ältere, dessen Gesicht wie mit Pergament bezogen war, wußte zum Beispiel, daß wir jetzt auf Transport gingen, nach Berlin-Lichtenberg, ins ehemalige Frauengefängnis. Von dort werden wir auf Lager verteilt. Das war doch schon eine wichtige Nachricht. Die wichtigste vielleicht, die ich in diesen Monaten überhaupt erfahren habe.

Alle politischen Häftlinge wurden nach dem Tribunal aus den verschiedenen NKWD-Gefängnissen in Berlin-Lichtenberg gesammelt. Von dort gingen die Transporte nach Bautzen oder Waldheim.

Ich hatte jedenfalls schon nach einigen Minuten eine Menge erfahren. So viel, wie ich in den Monaten, da ich allein in der Einzelzelle war, nicht erfahren konnte. Zuchthaus Waldheim, Zuchthaus Bautzen, das war mir ein Begriff gewesen, als ich noch draußen in der Freiheit war. Wir alle wussten davon. Aber dort saßen die Gegner des Regimes. Alte Nazis zum Teil. Damit hatten wir nichts zu tun.

Nach so langer Zeit im Gefängnis glaubten wir, daß wir vielleicht doch zu den Gegnern dieses Staates gehörten. Vor dem Tribunal war das etwas anderes. Da war immer noch die Hoffnung, rauszukommen, vielleicht mit einem oder zwei Jahren bestraft zu werden, so wie es früher üblich war, wenn man sich eines Vergehens schuldig gemacht hatte. Dann würde das Urteil bekanntgegeben, zwanzig Jahre und noch einmal zehn Jahre, zusammengezogen auf 25 Jahre. Natürlich glaubte niemand von uns daran, fünfundzwanzig Jahre wirklich im Gefängnis oder im Lager zuzubringen. Aber es war ein anderes Denken, ein anderer Zeitraum, eine andere Dimension.

Die Tür ging auf, und noch ein vierter Häftling kam zu uns. Wieder dieses Erschrecken über den Kahlkopf. Es war ein alter Mann. Sein Gesicht war zerknittert, die Augen ganz eng, dicke Adern liefen ihm den Hals herunter. Er trug einen Mantel unterm Arm. Sie müssen ihn im Winter verhaftet haben. Er nannte seinen Namen, mit einer ziemlich heiseren Stimme. Danach sagte er nichts mehr. Auch als die anderen ihn ausfragten.

Nach einer Weile ging vorn eine Tür auf, und wir wurden ins Freie geführt. Ins Freie klingt natürlich wunderbar, besser: in den Hof, dort stand schon eine grüne Minna, die russischen Bewacher ketteten uns mit Handschellen aneinander und hießen uns einzusteigen. Es waren noch etwa vier, fünf andere Bewacher im Hof. Einer hielt einen Hund am Hals fest, und ich erinnerte mich an den Hund, der damals im Hof der Stasi mich angefletscht hatte.

Dawei, dawei, jagten sie uns in das Fahrzeug. Wir mußten uns zu dritt auf eine Pritsche setzen.

Dann fuhren wir los.

Die beiden Bewacher saßen ganz hinten und beobachteten uns. Sobald einer von uns etwas sagte oder auch nur flüsterte, schrien sie tische, tische. Ansonsten kümmerten sie sich nicht um uns.

Nach etwa einer Stunde – ich bekam jetzt auch mehr und mehr ein Gefühl für die Zeit, aber natürlich konnte ich mich irren – hörten wir keine Straßengeräusche mehr. Wir fuhren in einen Gefängnishof. Dort empfing uns eine Reihe von Soldaten, sie jagten uns eine Treppe hoch, die Schlüssel wurden wieder gegen das Geländer geschlagen. Ruki nasat, Gesicht zur Wand, naja, das kannte ich schon. Die Soldaten nahmen uns die Handschellen ab. Wir wurden in eine Zelle hineingeschoben. Es war die größte Zelle, in der ich untergebracht war. Wir wurden dort mit lautem Hallo empfangen. Die Soldaten waren froh, uns losgeworden zu sein.

Die andern in der Zelle waren schon, wie ich später herauskriegte, ein oder zwei oder gar drei Wochen in dieser Zelle, und sie hatten eine Art Galgenhumor entwickelt. Überall wurde gelacht, sogar über uns, die wir neu hinzugekommen waren. Und am Abend kam dann noch einmal eine Gruppe von vier Häftlingen dazu.

Auch die wurden begrüßt, als ob man schon lange auf sie gewartet hätte. Kalfaktoren brachten uns einen Strohsack, eine schmutzige Decke und eine Blechschüssel mit Löffel. Ich suchte mir einen Platz an der Wand. Eine Pritsche oder so etwas ähnliches gab es hier nicht. Man lag auf dem Boden. Die andern fragten einen aus. Ich zog mich auf meinen Strohsack zurück. Ich wollte nicht sprechen. Ich konnte wohl auch nicht sprechen. Erst nach zwei Tagen, ganz langsam, ging die Erstarrung aus mir weg. Ich hörte die andern reden, ich hörte sie lachen. Ich sprach von dem letzten Sommer in Hiddensee, wo ich ein paar Tage gewesen war. Und daß ich dort am Strand gelegen war und die Sahnebonbons, die ich schon seit meiner Kindheit liebte, in einem Kiosk am Strand gekauft hatte. Jeden Morgen, wenn ich zum Strand ging, drei Sahnebonbons. Einen hatte ich Martin geschenkt. Er hatte sich nicht einmal richtig bedankt. Er schien das jeden Tag für selbstverständlich zu halten, einen Sahnebonbon zu bekommen. Ich dachte, was würde er sagen, wenn ich ihm eines Morgens kein Sahnebonbon mitbringen würde. Ich hätte es gar nicht gewagt.

Einer, Günter K., erzählte von seiner Frau. Sie wollten sich scheiden lassen. Aber jetzt würde er es nicht mehr tun. Sie könnte ihm Pakete ins Gefängnis schicken.

Und Hanns K. sprach von seiner Mutter, wenn die erführe, daß er im Gefängnis säße, würde sie wahrscheinlich einen Herzinfarkt bekommen.

Ich hörte zu, und ich merkte, ich gehörte schon zu ihnen.

Spitzel

Zum System des NKWD gehörte es, das Opfer erst einmal in eine Einzelzelle zu sperren, drei Wochen, vier Wochen, fünf Wochen, sechs Wochen. Ohne ein Verhör, so lange, bis man annehmen konnte, der Häftling sei nun so mürbe und würde nun seine Verbrechen gestehen. So geschah es auch mir. Ich zermarterte mein Hirn: weshalb können sie mich nur eingesperrt haben? Ich suchte nach Motiven in meiner Erinnerung, in meinem Gedächtnis. Was hatten sie mit mir vor? Hatte ich nicht einmal das Bild von Ulbricht in meinem Büro abgehängt? Hatte ich nicht über die Insulaner gesprochen und damit zugegeben, daß ich RIAS gehört hatte? Gefragt, ob ich denn in die Partei eintreten wolle, hatte ich einmal vor der Betriebsversammlung gesagt: Beim Studium des Marxismus-Leninismus bin ich erst bei Hegel angelangt. Wenn ich bei Lenin ankomme, werde ich mir den Beitritt in die Partei ernsthaft überlegen. Ich sagte das ganz im Ernst. Aber zwei von meinen Freunden prusteten. Der Genosse Sekretär war wütend. Ich wußte, der kam noch auf mich zu. Ich zitierte das Becher-Gedicht zum 70. Geburtstag Ulbrichts, über das wir alle gelacht haben. Wer so wie du / ist in sich selbst begründet … Ich hatte die Luftpostdrucke mit den Reden vom Kongreß für kulturelle Freiheit unterm Hemd aus Westberlin nach Potsdam geschmuggelt. Also, wenn ich da in Potsdam bei der Kontrolle erwischt wurde, dann könnte das unangenehm werden. Ich hab dann diese Drucke in einige Briefkästen in Potsdam gesteckt. In Ahrenshoop, wohin ich im Sommer in Urlaub gefahren bin, hatte ich selbstbemalte Transparente am Strand aufgehängt, zusammen mit Annemarie Dellin, die in Giebichenstein studierte, und die Martin Schmidt mitgebracht hatte. (Später hat er sie geheiratet.) Darauf stand: es lebe der Surrealismus. Die meisten Leute verstanden das nicht. Aber wenn jemand solche bunten Transparente hinhängte, war das schon subversiv genug.

Damals standen wir unter dem Einfluß einer Anthologie, die der kleine Henssel Verlag in Berlin herausgebracht hatte, und das surrealistische Manifest von Dalí lasen wir uns gegenseitig mit Vergnügen vor. Christa Reinig gehörte dazu, Johannes Hübner, Alexander Koval, Edouard Roditi, den ich allerdings nicht kennengelernt hatte, auch Günter Kunert, der es allerdings mehr mit dem Realismus hielt. Wir gründeten eine Berliner surrealistische Gruppe, und Helmut Krey plante eine erste Anthologie von uns bei Henssel. Sie ist nie zustandegekommen ... Sobisiak, der sich als surrealer Dichter Kaj Sibos nannte, schrieb Briefe an Paul Eluard, an Louis Aragon, an Dalí, Soupault und Breton nach Paris. Natürlich warfen wir die Briefe in Westberlin in den Briefkasten. Vielleicht wurden sie in Ostberlin kontrolliert. Sobisiak war Trotzkist, er behauptete es jedenfalls, ich wußte nicht so genau, was denn ein Trotzkist sei. Er beschuldigte Stalin als Mörder von Trotzki, in Westberlin konnte man das ja sagen. Nicht bei uns in Ostberlin, jedenfalls nicht öffentlich. Wolfgang Leonhard, einer der hohen Funktionäre, war erst vor kurzem nach Jugoslawien in die Emigration gegangen. Er wurde als Trotzkist gebrandmarkt. Und Slansky und Rajk wurden in der Tschechoslowakei als Spione für den Westen und als Trotzkisten gehängt. Trotzkist war in jener Zeit das schlimmste Schimpfwort. Das würde sich ja nun bald herausstellen, daß unsere Gruppe rein literarisch war, und daß ich bestimmt kein Trotzkist bin. Ich müßte nur endlich zu einem Verhör gerufen werden. Ich beschwerte mich beim Wachtposten. Der hörte gar nicht hin. War ich in Verdacht geraten, weil ich beim Weltjugendtreffen nach Westberlin gegangen war und mir dort die Filme angesehen hatte? Die Filme wurden auf der Straße gezeigt, und es gab ohnehin mehr Blauhemden in Westberlin als in Ostberlin.

Dort hatte ich Günter Grell getroffen, ein Jugendfreund, der sich rühmte, ein CIA-Agent zu sein, das sei er schon gewesen, als er noch in Potsdam mein FDJ-Führer war. Grell kannte jeder bei uns, er war der jüngste Volkskammer-Abgeordnete der SED und sein Bild ging durch alle Zeitungen. Daß er nach Westberlin gegangen war, erfuhr ich erst jetzt auf diese Weise. Er zeigte mir eine Pistole: Wenn die mich entführen wollen, dann werde ich mich schon wehren, sagte er bei Kaffee und Kuchen, wozu er mich ins Kranzler eingeladen hatte. Ich hatte noch nie eine Pistole von so nahem gesehen, ich nahm sie sogar in die Hand, sie war ganz schön schwer. Der gibt aber mächtig an. Er hat mich gebeten, ein Telefonbuch aus Potsdam nach Westberlin zu bringen.

Er erzählte mir, daß er mit der Sekretärin vom SED-Chef im Bezirk Brandenburg ein Verhältnis angefangen und von ihr in den letzten Monaten Informationen über russische Truppenbewegungen erhalten hatte. Nun hatte man sie verhaftet. Ob ich denn nicht die Nummern der Panzer, die zum Manöver fuhren, aufschreiben und ihm bringen könnte. Er würde mir dafür amerikanische Dollars bezahlen. Ich lachte, von so etwas hatte ich keine Ahnung. Er gab mächtig an, und außer der Pistole glaubte ich ihm nichts. Wir trafen uns zwei Wochen später am Kurfürstendamm, und er lud mich zu einem Schnaps ein, ein Kognak Asbach Uralt, das galt als das Feinste. Ich hätte mich allein gar nicht in ein Café in Westberlin hinsetzen können, ich hatte kein Westgeld. Ein paar Groschen, und dafür kaufte ich manchmal ein paar Sahnebonbons (zwei Pfennig das Stück), eine Zeitung oder bei Marga Schöller ein reduziertes, zerfleddertes Rowohlt-

Taschenbuch, wir haben damals Camus gelesen, die »Wege der Freiheit« von Sartre und Faulkners »Freistatt«. Es war das letzte Buch, das ich in der Freiheit gelesen hatte.

Ich versuchte mir eine Schuld einzureden. Sie würden mich doch nicht so lange in diese Zelle sperren, wenn sie nicht von meiner Schuld überzeugt wären. Ich war noch bei keinem Verhör gewesen. Ich wußte nicht, warum ich hier in der Einzelzelle saß. Aber wer ist ohne Schuld? Doch je länger ich hier saß, desto mehr glaubte ich an eine Schuld. Vielleicht lag die so weit zurück, daß ich mich nicht daran erinnern konnte. Ich durchforschte meine Kindheit. Die Zelle war weiß. Es waren viele Namen eingekratzt. Ich hatte auch meinen Namen mit einer Kammzinke eingekratzt. Ich lag auf der Pritsche. Ich starrte auf die Wand, auf die Hieroglyphen. Ich verstand sie nicht. Ich verstand nicht meine Schuld.

Eines Tages steckten sie mir einen Häftling in die Zelle, er war ein paar Jahre älter, er hatte eine scharfe Nase und graue Augen, in die ich nicht hineinsehen konnte. Ich war froh, jemanden in der Zelle zu haben, mit dem ich reden konnte. Ich glaube, ich sprudelte alles, was ich wußte, heraus. Nur – viel wußte ich nicht. Der andere versuchte, mich auszufragen, und ich dachte mir nichts dabei. Er war mit einer Decke und einem Blechnapf gekommen. Wir aßen zusammen die Mittags-Balanda. Der Löffel klirrte in der Blechschüssel. Die Kalfaktoren kamen noch einmal, heute hatte unsere Reihe Nachschlag. Er habe keinen Hunger, sagte er, und gab mir seinen Kascha-Nachschlag, und zum ersten Mal seit langem war ich danach satt.

Als ich ihn schließlich fragte, warum er einsitze und wie lange schon, sagte er nur: er gehörte einer Gruppe an, die die Regierung stürzen wollte. Ob ich nicht auch Verbindungen dazu gehabt hätte? Ein gewisser Lorenz war der Anführer. Wenn alles nicht so verzweifelt wäre, hätte ich wahrscheinlich aufgelacht. So absurd kam mir das vor. Ja, aber, und ich wunderte mich, woher er das zum Beispiel wußte: beim Kongreß junger Künstler in der Werner Seelenbinder-Halle sei ich ganz links in der Reihe gesessen, wo Ulbricht vorbeigekommen war, ich hätte doch ein Attentat auf ihn ausüben können. Ich konnte das gar nicht glauben, was er da erzählte. Ja, ich war beim Kongreß gewesen, wohl damals als jüngster Autor. Und Ulbricht ist in dem Gang an uns vorbeigekommen. Ich sah, wie seine Bewacher in einer perfekten Choreographie um ihn herum tänzelten, darüber hatte ich später einmal mit Martin Schmidt gesprochen.

Am Abend wurde mein Kumpel aufgerufen, er konnte die Zelle verlassen. Er hat dabei seine Decke und seine Blechschüssel vergessen. Ich dachte, er wird sich das schon holen. Aber er kam nicht mehr zurück. Bis ich nach ein paar Tagen dahinter kam, daß er ein Stasi-Spitzel gewesen war, den sie auf mich angesetzt hatten. Das machten sie bei jedem Neu-Zugang. Das gehörte zu ihrem System.

Butyrka

Eines Tages wurden etwa zwanzig der Häftlinge aufgerufen, ich gehörte zu ihnen, wir sollten Decke und Blechschüssel zurücklassen, das bedeutete, wir gingen auf Transport. Im Hof des Gefängnisses wurden wir in zwei Abteilungen in grüne Minnas verfrachtet, wieder mit Handschellen aneinandergekettet. Im Grunde freuten wir uns auf den Transport, es war eine Veränderung.

Wir wurden nach Karlshorst gefahren, zum Hauptquartier der Russen, dort stand schon ein Zug bereit. Die Fensterscheiben waren weiß übermalt, und es stand ganz groß in kyrillischen Buchstaben MJASO drauf. Es war schon dunkel, als sie uns in die Waggons schleusten, zwei Scheinwerfer beleuchteten gespenstisch die Szene, eine Menge Bewacher stand herum, in Uniformen, und sie schrien wieder dawei, dawei, und trieben uns an. Der letzte Waggon in einem Zug – das kriegte ich später mit – war in Russland meist ein Gefängniswaggon, schon seit der Zarenzeit, da waren etwa sechs Kabinen drin, abgeteilt durch Gitter und dickes Holz, und nach vorn gab es nur ein Gitter. Man konnte von einem schmalen Gang aus die einzelnen Kabinen beobachten, und in dem Gang gingen die Wärter auf und ab. Diese Waggons wurden Stolypinskis genannt, nach dem russischen Innenminister Stolypin, der 1912 durch ein Attentat umgebracht wurde. Er hatte sie in ganz Rußland eingeführt, und es gab sie immer noch.

Ich wußte, jetzt kommen wir nach Bautzen oder nach Waldheim, das waren die großen politischen Zuchthäuser in der DDR, jeder hatte davon gewußt. Die Gerüchte gingen schon seit Tagen hin und her.

Es muß schon nach Mitternacht gewesen sein, als unser Zug endlich abfuhr. Befehle, Pfeifsignale, Hundebellen, das schwirrte nur so um uns herum. Ich sagte, die bringen uns nach Bautzen. Ein anderer sagte: Bautzen ist schon seit langem überfüllt. Alle Zuchthäuser sind überfüllt. Sie sollen neben Waldheim ein neues Lager aufgemacht haben, und die Häftlinge müssen im Uran-Bergbau arbeiten. Das ist der sichere Tod.

Wir hatten unter uns in der Lichtenberger Zelle zwei alte Sozialdemokraten gehabt, die waren schon im Dritten Reich im Zuchthaus gesessen, der eine war gleich nach dem Krieg Bürgermeister in einem kleinen sächsischen Dorf gewesen, und er hatte sich öffentlich dagegen empört, daß die Russen mit ihren Panzern über die Felder mit der Frühjahrs-Aussaat gefahren waren, da hatten sie ihn kurzerhand eingesperrt und ihm konterrevolutionäre Tätigkeit vorgeworfen. Er hat dafür zwanzig Jahre bekommen. Aber er war keineswegs gebrochen. Vier Jahre bei den Nazis, sagte er, und das hier werde ich auch noch überstehen. Der andere wiederholte immer: meine Genossen holen mich hier schon raus, das weiß ich. Ich habe zusammen mit Schuhmacher/Seydewitz in der Börde gesessen, wenn der erfährt, daß ich in Waldheim bin, wird er sich schon für mich einsetzen. Wir Genossen haben schon immer zusammengehalten.

Ein junger LDP-Mann war dabei, der hatte eine Ortsgruppe der jungen Liberalen in Crimmitschau gegründet und bei einem Antifa-Abend die Russen kritisiert. Fünfundzwanzig Jahre. Er gab dem SED-Regime sowieso nur noch drei Jahre, dann bricht das zusammen. Er war immer guter Laune. Ein älterer Mann, der die besten Witze erzählte – sie wiederholten sich nur –, sagte: das sitz ich auf der Rasierklinge ab. Es gab beinahe jeden Tag neue Wörter, für mich jedenfalls neue Wörter. Hundesohn, Sabakka, Knastologe etwa, Mundficker, das sitz ich auf der rechten Arschbacke ab, oder: dem Ulbricht, dem spritz ich mein Sperma ins Hirn. Es war gut, wenn man solche Wörter gebrauchte. Man gehörte dann irgendwie dazu.

Es waren einige Oberschüler dabei, ganz junge Leute, sie hatten aus Protest gegen die russischen Besatzer Nummern von russischen Lastwagen aufgeschrieben und das dem RIAS mitgeteilt. Ganze Schulklassen wurden verhaftet, wie damals in Werder bei Potsdam oder in Crimmitschau, das hatte sogar in den Zeitungen gestanden. Die meisten Schüler waren nach Westberlin abgehaun.

In einem anderen Transporter soll X. gewesen sein, der hatte sich bei der Verhaftung mit einem Messer gewehrt, er sollte zum Tode verurteilt werden, aber es gab im Westen Demonstrationen für ihn, jedenfalls kannten wir alle seinen Namen. Uns kannte niemand. Für uns wurde auch nicht demonstiert.

Wir ratterten mit dem Zug über eine Brücke, eine ziemlich lange Brücke, die Räder hörten sich ganz anders an, hohl. Das ist die Oder, sagte ich. Das geht nach Osten.

Sie bringen uns nach Sibirien, sagte ein anderer. Ich schwieg. Aber ich glaubte es auch. Der alte Sozialdemokrat weinte. In Sibirien würde ihn kein deutscher Genosse mehr erreichen. Gegen Morgen hörten wir über Lautsprecher: Warszawa, Warszawa. Jetzt war es heraus. Wir wären natürlich viel lieber in einem deutschen Gefängnis gelandet.

Warschau. Die nächste Station war wohl Brest-Litowsk. Und dann? Moskau, Sibirien? Die Stimmung war ganz plötzlich runtergegangen. Keiner redete mehr. Wir fragten die Bewacher, wohin der Zug führe. Sie antworteten nicht. Einer sagte nach einer Weile: nach Moskau. Er hatte wohl schon einige Male den Zug begleitet. Jeden Tag fuhren Gefangene aus dem Sammellager Berlin-Lichtenberg nach Moskau. Mit dem Blauen Express.

Es geht in die Lubjanka, sagte einer. Und ein Schauern überkam mich. Das war wohl das gefürchtetste Gefängnis in der ganzen Sowjet-Union, und zwar seit der Revolution. Dort sollen in den dreißiger Jahren die Erschießungskommandos in den Kellern gewütet haben.

Wieder wurden wir an den Händen aneinandergefesselt und im Dunkel in die grünen Minnas gebracht, die dort Schwarzer Rabe heißen. Wir kamen nicht in die Lubjanka. Sondern in die Butyrka. Ich wußte nicht, was das ist. Es war ein Gefängnis, wo die Häftlinge gesammelt und dann in die Arbeitslager verschickt wurden. Peressilka nannten sie die Russen.

Wir waren lange in der Butyrka, ein paar Wochen, und von Nacht zu Nacht gab sie uns immer mehr Geheimnisse preis. Die Butyrka war ein Durchgangsgefängnis, riesige Zellen, die noch aus der Zarenzeit stammten, Holzpritschen, die für dreißig bis vierzig Häftlinge ausreichten. Aber wir wurden zu achtzig in eine Zelle gesperrt. Ich rutschte mit meinem Strohsack unter eine Pritsche. Und ich sah zu, daß ich bald wieder auf eine Pritsche hinauf konnte. Denn unten war ein fürchterlicher Gestank, und es gab Staub und Dreck. Und einer, der schon lange hier war, sagte, wenn du überleben willst, mußt du rauf auf die Pritsche. Nach drei Tagen gingen zehn zum Transport, und ich schwang mich mit meinem Strohsack sofort auf einen leeren Pritschenplatz. Ich hatte mich mit Dr. Hans Hölemann aus Bitterfeld angefreundet, er war beinahe sechzig Jahre als, er war zu schwach, um sich auf eine Pritsche zu drängen. Ich machte für ihn einen Platz frei. Er war in der Forschungs-Abteilung von Buna tätig gewesen und hatte den Amerikanern, als sie 1945 das Bunawerk besetzten, die Pläne ausgeliefert, sie hatten das von ihm verlangt. Fünf Jahre später verhafteten ihn die Russen, mit der Anklage, er habe die Pläne seiner Abteilung an die Amerikaner für Dollars verkauft … 25 Jahre.

Die Polen waren meistens von der Armia Krajowa (der Heimatarmee), sie erzählten vom Widerstand gegen die Deutschen, vom Aufstand in Warschau, und wie sie nach dem Krieg in den Wäldern von Borje gegen die polnischen Kommunisten und gegen die Russen gekämpft hatten.

Es gab Juden unter uns. In meiner Zelle war ein Moishe Rosenkranz, Jude aus Ungarn, er hatte unter den Nazis hunderte von Juden gerettet. Dann, nach dem Krieg, organisierte er Hilfslieferungen aus dem Westen für überlebende Juden in Budapest. Eines Tages war das NKWD gekommen, hatte ihn verhaftet und ihm vorgeworfen, mit den Lebensmittel-Lieferungen religiöse Propaganda eingeschmuggelt zu haben. Er war ein Dichter. Er konnte seine Gedichte auswendig. Denn keiner von uns hatte ein Stückchen Papier oder eine Bleistift-Mine, womit man etwas aufschreiben konnte. Er reimte seine Gedichte, um sie besser im Kopf behalten zu können. Ich schrieb damals meine ersten Gefängnis-Gedichte. Auch die reimten sich, und ich lernte sie auswendig. Moishe Rosenkranz kam mit uns in den Schacht 29. Er arbeitete in der Wäscherei. Er war zu schwach, um in die Kohle zu gehen. (Er lebt heute, über achtzig Jahre alt, im Württembergischen.)

Es war die beste Zeit im Gefängnis. Alle Nationen waren hier vertreten, vor allem Litauer, Esten, Letten. Die halbe baltische Intelligenz hatte Stalin einsperren lassen, ohne Grund. Ukrainer, Ungarn, Polen. Alle waren nach den Paragraphen 58,6 und 58,10 des Russischen Strafgesetzbuchs verurteilt worden. Spionage, Antisowjethetze. Wie wir auch. Und es waren viele einfache ukrainische Bauern dabei, sie wurden von den Deutschen ins Reich verschleppt und mußten dort mit dem Zeichen OST an der Jacke in der Rüstung arbeiten. Unter Stalin wurden sie als Feiglinge und Vaterlandsverräter verhaftet und zu fünfundzwanzig Jahren Zwangsarbeit verurteilt. Dasselbe geschah mit den Kriegsgefangenen. Sie hatten den Hunger in Deutschland, die Arbeitslager überstanden, und waren nach Hause in ihre Dörfer gekommen, und dort lauerten ihnen schon die NKWD-Spitzel auf. Fünfundzwanzig Jahre Zwangsarbeit. Weil es so viele waren – in ganz Rußland Millionen –, bekamen sie vom Obersten Gericht in Moskau Pauschal-Urteile. Nicht einmal ihre Namen wurden genannt. Fünfundzwanzig Jahre.

Wir waren viele. Und wir dachten, hier können sie uns nicht erschießen.

Es war uns nicht langweilig. Jeder erzählte seine Geschichte. Wieweit sie stimmte oder geflunkert war, danach fragte niemand. Es mußte jedenfalls eine aufregende Geschichte sein. Und alle, die Deutsch konnten, hörten zu.

Ich erzählte von den Büchern, die ich gelesen hatte, und sie wollten immer über »Sonnenfinsternis« von Arthur Koestler hören, die andern Sachen interessierten sie nicht. Von Rubaschow, dem alten Kommunisten, der sich für die Partei opfern sollte/mußte, und öffentlich gestehen sollte, für die Konterrevolution gearbeitet zu haben. Aber er hatte es nicht getan. Er war ein guter Genosse gewesen. Aber die Partei brauchte für den Schauprozeß geständige Genossen, die die von Stalin verbreiteten Thesen von den Verrätern im höchsten Partei-Apparat bestätigten. Rubaschow würde dafür nicht nur freigelassen, er würde auch von der Partei belohnt werden. Er hatte sich schließlich darauf eingelassen. Er war ein guter Genosse gewesen, und wenn es die Partei von ihm erwartete, dann würde er das Spiel mitspielen. Zum Schein.

Er wurde aus der Zelle geholt, er wurde für den Prozeß präpariert. Er gab alles zu. Er wurde zum Tode verurteilt. Manchmal, in der Einsamkeit seiner Zelle, zweifelte er daran, ob er sich richtig verhalten hatte. Eines Nachts holten sie ihn, er wurde im Keller des Gefängnisses vor ein Peloton gestellt. Er wurde tatsächlich erschossen. Zum Nutzen der Partei. Niemand erfuhr die Wahrheit.

Meine Mithäftlinge wollten nicht glauben, daß dieses Buch im Westen berühmt war und viel gelesen wurde. Sie hatten davon nichts gehört. Es gab drei Bücher, die bei allen Haussuchungen beschlagnahmt wurden, sie erfüllten den Tatbestand nach Paragraph 58, 10: Antisowjethetze. Das waren »Der Gott, der keiner war«, »Sonnenfinsternis« und »Vom Zarenadler bis zur Roten Fahne«, das genügte für eine Verhaftung.

Ich hatte sie alle drei gelesen. Und sie hatten sie auch bei mir beschlagnahmt. Ausgenommen die »Sonnenfinsternis«. Die hatte ich kurz vorher an Helmut Krey verliehen. Der ist am nächsten Morgen, als herauskam, daß ich verhaftet worden war, gleich nach Westberlin gegangen.

Am aufregendsten freilich waren die Erzählungen des Kapos, der in Auschwitz gewesen war. Er berichtete, wie sie den ankommenden Juden versprochen hatten, sie ins Lagerkrankenhaus zu bringen, wenn sie versteckten Schmuck oder Gold herausrückten. Sie hatten alle etwas im Saum des Mantels oder der Jacken versteckt, eingenäht. Die erschöpften Juden, die schon seit Tagen in den Viehwaggons unterwegs waren und jetzt selektiert wurden, gaben es ihnen. Nicht alles, aber das meiste. Sie wußten nichts davon, daß sie gleich in die Gaskammern geschickt würden. Der Kapo zog sie dann aus den Kammern heraus und brach ihnen die Goldzähne aus, die mußte er allerdings an die SS-Leute weitergeben. Wir hörten uns das an, und es war, als ob er von einer fremden Zeit erzählte, die Jahrhunderte zurücklag. Dieser Kapo, ich weiß gar nicht mehr, wie er hieß, konnte stundenlang erzählen. Er war schon in den zwanziger Jahren Berufsverbrecher gewesen und berichtete davon, wie sie damals Wohnungen aufgebrochen, Banken geknackt haben. Seine Spezialität war es, sich mit einem Dienstmädchen anzufreunden, das bei reichen Herrschaften beschäftigt war, und wenn die verreist waren, dann kamen sie mit einem Möbelwagen an und transportierten alles weg, von Möbeln bis zu Kunstgegenständen, von Teppichen bis zum Klavier. Wenn die Herrschaften zurückkamen, war alles leergeräumt, ja, sie hatten sogar noch ausgekehrt, wie er grinsend berichtete. Diese Kapos waren die besten in den politischen Gefängnissen und KZs, bei den Nazis wie bei den Russen. Sie rühmten sich noch damit. Sie rechneten nicht damit, daß sie jemals aus den Gefängnissen oder Lagern entlassen würden.

Wir hatten viel Zeit. Und wenn wir uns alles gesagt hatten, dann fingen wir wieder von vorne an.

Die Butyrka war überbelegt. Seit den Tagen der Revolution war sie immer überbelegt. Es gab auch Frauenzellen. Und es gab Kinderzellen. Jugendliche, Kleinkriminelle, die gestohlen hatten wie die Raben, meist hatten sie nicht genug zu essen. Die Russen, die mit uns zusammensaßen, wunderten sich, daß sie diese Jungen, die zwischen zwölf und siebzehn Jahre alt waren, in ein Gefängnis für Politische eingesperrt hatten. Wahrscheinlich hatten sie aus der Kolchose gestohlen, das galt als Volkseigentum, und ihr Verbrechen wurde als politisch eingestuft.

Wir gingen zweimal am Tag etwa je 15 Minuten zum Spaziergang. Der Hof war mit hohen Palisadenbrettern in sechs Kompartements abgeteilt, wir hörten also über die Planken die andern rufen, reden, schreien, auch singen, Papierkugeln wurden rübergeworfen, mit Adressen, mit Briefen. Wir kriegten nach einer Weile heraus, daß sich über dreitausend Häftlinge in der Butyrka befanden, es gab mehrere Flügel, und daß von hier aus die Transporte in die großen Arbeitslager zusammengestellt wurden. Von Karaganda war die Rede, von Kolyma, vom Donez – und von Workuta. Ich hatte diese Namen vorher nie gehört.

Die Russen wußten, was für Lager sich dahinter verbargen. Am schlimmsten sei es in Kolyma, sagten sie, dort sterben die Häftlinge wie die Fliegen, und von Nowaja Semlja (wo es Goldvorkommen geben sollte) ist bisher keiner zurückgekehrt.

Wir waren in den Zellen ganz unter uns. Wir hatten eine eigene Kalfaktor-Polizei. Denn immer wieder gab es Streit, die Häftlinge waren überdreht; und die Kalfaktoren schlugen auch schon mal zu. Die Wärter trauten sich gar nicht zu uns rein. Sie schrien höchstens mal durch die Klappe – wenn es zu laut war. In der Frühe gab es eine Art Gerstenkaffee (mit Soda) in die Schüssel und einen Kanten Brot. Den wir auf zwei oder drei Portionen streckten. Mittags und abends gab es Balanda (immer Balanda), eine Suppe, mit ein paar Krautfetzen darin. Wenigstens war sie heiß.

Ein Kübel mit Chlor befand sich in der Mitte der Zelle. Dort pißten und schissen wir hinein. Das stank erbärmlich. Zweimal am Tag wurde er draußen in der Kübelzelle geleert, ausgespült und mit zwei Schaufeln frischem Chlor gefüllt. Der Gestank ging nicht weg.

Eigentlich war es die beste Zeit, die ich in einer Zelle verbrachte. Die Angst war weg. Jetzt konnte man nicht mehr umgebracht werden. Dazu gab es zu viele von uns. Das Essen war schlecht, aber ausreichend. Manchmal gab es sogar einen Nachschlag. Wir lachten viel. Nie mehr habe ich in einer Zelle oder im Lager so viel gelacht wie da. Es war nicht die Art von Galgenhumor, an die man dabei denken könnte. Es war ein Humor, der uns überleben half und der die Zeit verkürzte. Die russischen Häftlinge vor allem waren optimistisch. Es wird Krieg geben zwischen Amerika und der Sowjet-Union, sagten sie, und die Amerikaner werden ihn gewinnen, und alle politischen Häftlinge werden freikommen. Wir Deutsche glaubten nicht daran.

Aber alle hofften nun, die Butyrka bald verlassen zu können und in ein Lager zu kommen. Welches Lager auch immer. Dort würde es jedenfalls besser sein, als hier in der schmutzigen, stinkenden Zelle. Im Lager würden wir nach Haus schreiben können, wurde gesagt, und wir könnten Pakete empfangen. Keiner von unseren Angehörigen wußte ja bisher, wo wir waren, und ob wir noch lebten. Wir waren verhaftet worden, und seitdem waren wir verschollen. Die erste Kriegsgefangenenkarte konnten wir ja erst zwei Jahre später nach Haus schicken.

Mein Kumpel aus Bitterfeld kriegte Geschwüre, der ganze Körper war übersät von Geschwüren, und die stanken schon durch den Mull. Der Arzt kam nur einmal in der Woche vorbei. Er war selbst ein Häftling, und er half, wo er konnte.

Die Butyrka war ein Querschnitt durch die Sowjet-Union und aller der von Stalins Geheimpolizei NKWD beherrschten Länder.

Transport nach Workuta

Es kamen immer mehr Zugänge, beinahe jeden Tag zwei oder drei. Deutsche waren jetzt nicht mehr dabei. Aber viele Polen. 1951 hatte der kommunistische Geheimdienst eine Partisanen-Gruppe der Armia Krajowa ausgehoben, die waren nach und nach verurteilt und nach Rußland verschleppt worden. Es gab keinen Platz mehr in der Zelle, und wieder mußten einige unter den Pritschen schlafen. Ich verteidigte meine Pritsche (und die von Dr. Hölemann), eingedenk jenes Satzes, den mir zu Anfang ein alter Häftling gesagt hatte: Bleib oben auf der Pritsche. Wenn du runtergehst, gehst du kaputt.

Dann wurde die halbe Butyrka geleert. Wir fuhren in Lastwagen, die mit einer Plane zugedeckt waren, etwa zwei Stunden, bis vor die Tore Moskaus. Dort wartete auf einem Abstellgleis ein Zug mit Viehwaggons auf uns. Wir wurden in die Viehwaggons gestoßen, immer mit diesem Geschrei, dem dawei, dawei und den Pfiffen und dem Hundegebell. Wahrscheinlich sollte das bei uns eine Atmosphäre der Angst erzeugen. Ich war rasch in einem Waggon, zog den Dr. Hölemann, der völlig verstört war, nach, und besorgte uns auf dem Boden einen Platz. Hier gab es außer einer Decke nichts, kein Strohsack. Der Waggon war ziemlich hoch, er hatte auch keine Treppe, die älteren Häftlinge kamen da gar nicht rauf, wir halfen ihnen und zogen sie an beiden Armen in den Waggon. Auch der war überfüllt.

Sie zählten uns ab, Namen wollten sie nicht wissen. Hauptsache das Soll stimmte mit ihren Daten überein. Sie hatten das auf ein Holzbrett geschrieben. Und bei jedem Halt, wo sie uns ein paar Schritte laufen ließen, zählten sie uns wieder ab und verglichen die Zahl mit einer Ziffer auf ihrem Holzbrett.

Das ist der Zug ins Lager, sagten uns die Russen, die zum Teil schon solche Erfahrungen hinter sich hatten. Ich denke, wir waren an die vierhundert. Die Türen wurden zugeschoben, mit Eisenstangen von außen verschlossen. Dann fuhren wir ab. Zum ersten Mal konnte ich durch eine Luke etwas von draußen sehen. Der Platz vor der Tür war von Blattnois besetzt. Die rührten sich nicht. Ja, sie waren überhaupt die Herren dieses Waggons. Ich habe das erst nach und nach mitbekommen. Blattnois, das waren Kriminelle, sie unterdrückten im Lager alle andern. Sie erkannten sich untereinander. Ich könnte nicht sagen, woran. Sie respektierten sich gegenseitig. Und gewöhnliche Häftlinge, also Politische wie wir, unterdrückten sie. Sie hatten in unserem Waggon die besten Plätze, und wenn wir irgendwo hielten und Essen bekamen, sorgten sie für die Verteilung, und sie nahmen sich als erste das Fleisch, das in der Suppe schwamm. Keiner hätte einen Protest gewagt. Am ersten Tag meuterte ein Ungar, der wurde zusammengeschlagen, und seitdem rührte sich niemand von uns, ja, wir wagten gar nicht sie anzusprechen. Der Ungar hätte gar nicht zusammengeschlagen werden müssen. Aber die Blattnois setzten immer wieder solche Signale und schüchterten uns damit ein. Es gab dann keinen Widerspruch mehr. Ein Blattnoi fragte mich, ob er meine Schuhe haben könnte. Sie waren einmal blau gewesen, aber das Wildleder konnte man nicht mehr erkennen. Ich hatte die Schuhe bis hierher durch alle Zellen gerettet. Ich würde sie ihm geben müssen. Sie werden dir sowieso gleich weggenommen, flüsterte mir jemand zu. Vielleicht kannst du dafür etwas Zucker eintauschen. Ich fragte den Blattnoi, der vor der Luke stand und nach draußen guckte, ob er mir mal für eine halbe Stunde seinen Platz überlassen könnte, dafür würde ich ihm die Schuhe geben. Ja, sagte er ungläubig, und du willst keinen Zucker dafür? Zucker war unser Zahlungsmittel.

Der Blattnoi überließ mir immer mal wieder seinen Platz. Aber draußen war nicht viel zu sehen. Außer, daß die Getreidefelder aufhörten und die Bäume immer kleiner wuchsen. Hinter Siktiwkar waren sie nur noch kniehoch. Siktiwkar war die Hauptstadt der Komi-Republik.

Es geht nach Workuta. Scheiße, sagte einer, der sich hier ein wenig auskannte. Als ob er schon mal dagewesen wäre. Das ist die Tundra. Da kannst du nicht mehr abhauen. Tagelang hatten wir in der Butyrka und dann im Viehwaggon uns ausgemalt, wie wir fliehen würden, waren wir erst einmal im Lager. Aus Workuta konnte man nicht weg. Das Tundrakraut war nicht höher als zehn, fünfzehn Zentimeter. Jeder Mensch konnte vom Flugzeug aus gesehen werden. Und wenn jemand entflohen war, suchten sie ihn mit Hunden, aber auch mit kleinen Flugzeugen. Und bis nach Finnland hat sich noch keiner durchgeschlagen, auch wenn solche Märchen immer wieder erzählt wurden. Die Leute wollten an irgend etwas glauben.

Wir waren vier Wochen unterwegs. Immer wieder mußten wir auf Abstellgleisen warten. Und die andern Züge rasten an uns vorbei. Jeden dritten oder vierten Tag wurden wir in eine Peressilka gebracht. Das waren diese Durchgangslager. Dort kriegten wir etwas Richtiges zu essen, das heißt eine heiße Suppe und ein Stück gekochten Fisch, freilich mehr Gräten als Fisch. Wir wurden in die Banja gebracht, dort konnten wir uns waschen, unsere Sachen wurden in Kesseln, die dampften, desinfiziert. Manchmal blieben wir nur einen Tag in der Peressilka, doch die Prozedur mit Baden, Banja, Entlausen wurde immer durchgeführt. Wir konnten uns auf einer Pritsche in einer Baracke ausruhn. Eine Fahrt ohne Peressilka hätte keiner von uns überstanden. Und so war es wohl auch schon in der Zarenzeit gewesen, als die Katorga nach Sibirien gebracht wurden. Denn das System Banja/Entlausen hatte sich nicht verändert. Auch wenn wir nicht an die Entlausung glaubten, so waren wir doch froh, wenn wir warme Wäsche zurückbekamen.

Durch Gorki waren wir gekommen, Siktiwkar und am Schluß Workuta. Lager 1. Dort mußten erst ein paar Baracken für uns freigemacht werden. Wir warteten also einen ganzen Tag draußen. Wir mußten uns hinsetzen und die Hände im Nacken verschränken. Wir konnten von hier aus auf die Lagerstraße sehen. Zum ersten Mal seit meiner Verhaftung habe ich Frauen gesehen. Ein Zug von Frauen, in Wattejacken, die ein paar hundert Meter entfernt an uns vorbeigeführt wurden. Die Frauen arbeiteten in der Ziegelei. Später haben wir nie mehr Frauen gesehen.

Ins Lager 1, die Peressilka von Workuta. Die Soldaten trieben uns an, denn sie wollten uns noch bei Tageslicht in die Baracken bringen. Wieder die Zeremonie mit der Banja, Entlausung. Wir bezogen Baracken, die wohl erst kurz vorher für uns freigemacht worden waren. Einer schrie auf, und wir liefen alle hin. Die Pritsche war dick mit Wanzen besetzt, wie eine Bienentraube. Wir guckten uns das alle an. Wir hatten in den letzten Wochen immer wieder mit Wanzen zu tun gehabt. Aber so viele Wanzen auf einmal hatte ich noch nie gesehen. Es schien so, als ob sie die ganze Pritsche wegschleppen würden. Wir schrien nach dem Natschalnik, der das erst nicht glauben wollte, dann kam er mit einem anderen Natschalnik zurück und überzeugte sich davon.

Er ließ den Kessel noch einmal heizen, ließ Desinfektions-Mittel hineinschütten, und wir steckten die Bretter der Pritschen hinein. Als wir sie wieder herauszogen, konnte man die Wanzen mit der flachen Hand abstreifen. Es war ekelhaft. Aber solche Gefühle wie Ekel hatten wir schon gar nicht mehr.

Am nächsten Tag wurden wir auf die verschiedensten Lager im Workuta-Gebiet verteilt. Wir gingen zu Fuß, vorn und hinten von Soldaten mit Hunden bewacht. Das hieß Raswod, und über drei Jahre lang bin ich nun vom Lager zehn in den Schacht 29 mit einem Raswod gegangen.

Im Gebiet von Workuta soll es damals, 1952, an die hunderttausend Verurteilte gegeben haben, in ca. dreißig Lagern, mit jeweils 3000 Häftlingen. Wir arbeiteten alle im Schacht. Die Bahnlinie war noch im Krieg fertiggestellt worden, damit wurde die Kohle nach Leningrad gebracht, es war die einzige Verbindung nach draußen während der Belagerung. Unter jeder Bahnschwelle liegen zwei Leichen, wurde damals geflüstert. Wahrscheinlich stimmte das sogar.

Es war der 22. Juni 1952. Ich mußte daran denken, daß vor elf Jahren die Deutschen dieses Land überfallen hatten. Ich schämte mich. Jetzt waren Deutsche und Russen als Häftlinge in einem Lager zusammen.

Die Hauptstädte der Welt

Workuta

Workuta gehört (oder besser gehörte) zu den großen Städten der Welt, und trotzdem haben Sie diesen Namen bis vor einigen Tagen noch nie gehört. Dabei lebten dort zeitweilig beinahe eine Million Menschen, allerdings Gefangene. Workuta liegt etwa dort, wo das Eismeer mit dem Nordural zusammenstößt. Dort gibt es große Kohlevorkommen, die allerdings nur schwer abzuteufen sind. Es ist nämlich Polargebiet. Sehr kalt. Ja, wir Häftlinge sagten: Neun Monate Winter und drei Monate kalt. Freiwillig ist dort ohnehin niemand hingegangen. Die Kohle, geschätzt vor allem wegen ihrer chemischen Eigenschaften, sollte schon im Zarenreich abgebaut werden. Aber eine Kommission im Jahre 1904 kam zu der Ansicht, daß dort keine Menschen leben und arbeiten können.

Dafür hat dann später Jossif Wissarionowitsch Stalin gesorgt. Workuta gab es eigentlich nicht, nicht einmal als Hauptstadt der Komi-Republik. Komi sind kleinwüchsige Nomaden, die mit ihren Rentierherden durch die Tundra ziehen und sich dort gelegentlich zum Schnapstausch trafen. Es wächst dort nichts, nur Tundra, fünf bis sieben Zentimeter hoch. Es ist ewiges Eis.

Unter Stalin wurde das Land mit politischen Häftlingen zwangsbesiedelt, aus der Ukraine, aus Aserbaidschan, aus den Baltischen Staaten, aus Polen, Ungarn, der DDR, von überall her – wir waren eine Internationale der Stalin-Opfer. Freilich aufgesplittert in mehr als dreißig Lager. Wobei den Ukrainern einfach vorgeworfen wurde, sie hätten als Kriegsgefangene mit den Deutschen kollaboriert, den Häftlingen aus den Baltischen Ländern konnten sie nichts vorwerfen, außer ihre Intelligenz und den ungebrochenen nationalen Willen.

Ich bin als 22jähriger in einer der großen Städte der Welt, Workuta, angekommen, die Tatsache, daß ich gegen die Ulbricht-Politik in der DDR rebelliert hatte, genügte dafür. Mielke lieferte jede Arbeitskraft, auch ein zwanzigjähriges Jüngelchen aus Ostberlin.

Wir hatten natürlich keine Ahnung, wohin man uns verfrachten würde, und von einem Gebiet Workuta, bei dessen Namen die Russen sich schüttelten, hatten wir noch nichts gehört. Nur im Sommer, im Juli, August, taut das Land ein wenig auf, vier Zentimeter, gerade so viel, daß man Radieschen säen und auch ernten kann, denn Mitte August kommen schon wieder die ersten Schneestürme. Unter Stalin wurde alles nach Workuta geschickt. Man sagt: unter jeder Eisenbahnschwelle liegen zwei Tote. Die Kohle für das eingeschlossene Leningrad war lebensnotwendig, es hätte sonst nicht durchgehalten. Es war der einzige Weg im Norden, der noch frei war. Nach Stalins Tod waren dort noch etwa 30000 Arbeiter, jetzt etwa 100000. Es sind alles freie. Und sie waren es (oder wohl deren Söhne), die jetzt zum ersten Mal im Streik aufbegehrt haben.

Zu meiner Zeit, als ich noch die Kohle im Schacht 29 schürfte, dauerte es etwa drei bis vier Wochen, bis ein Kohlenzug in Gorki oder Moskau angekommen war. Es gab damals nur eine einzige Bahnlinie mit vielen Ausweich-Stationen.

Als wir politischen Häftlinge 1952 nach Workuta fuhren, in Viehwaggons eingepfercht und von Rotarmisten überwacht, dauerte das ca. 4 Wochen. Jede vier, fünf Tage mußten wir in eine Peressilka geführt, d.h. in ein Gefängnis gebracht werden, wo wir nach dem salzigen Hering der letzten Tage endlich eine dünne heiße Wassersuppe mit einer Fischgräte bekamen. Und dann, das vor allem, wurden wir entlaust, d.h. wir wurden mit kochendheißem Wasser überschüttet, so daß man uns eigentlich danach die Haut hätte abziehen können. Denn die Bewacher hatten vor nichts so viel Angst wie vor Wanzen und Ungeziefer. Als wir schließlich in Workuta in unsere Baracke geführt wurden, konnte man sehen, wie ganze Heerscharen von Wanzen die Bretter wegtrugen.

Die Stadt Workuta hatte sich aus einer Ziegelei entwikkelt, denn dort wurden die Ziegel für die ersten Wachhäuser gebrannt. Ansonsten war alles aus Holz. Obwohl auch das über 1000 km herangeschleppt werden mußte. Denn zwischen Workuta und Gorki gab es nur Petschoragebiet, nur dünne Birken und später Tundra. Die Erde war beständig gefroren, und wenn jemand starb, mußten wir raus in die Tundra, mit der Spitzhacke fünf-sechs Zentimenter aufhacken, die Leiche wurde mit dem Gesicht nach unten reingelegt und zehn Minuten später war sie schon von der Purga (das ist ein polarischer Schneesturm) bedeckt. Im Sommer, wenn es taute, konnte man sehen, wie die Leichen in den sonst trockenen Flußbetten hinunterschwammen zum Eismeer hin. Es schneite nur im Oktober und November. Dann bedeckte sich die Erde mit einem weißen Tuch, und der Sturm fegte den Schnee hin und her. Im Januar 1953 war es so kalt, daß wir uns auf dem Weg (Raswod) vom Lager zur Kohlengrube gegenseitig ansahen, damit nicht einer plötzlich weiß im Gesicht wurde. Denn Erfrierungen waren nicht nur schmerzhaft, man konnte seine Nase verlieren. Einmal war es so kalt, daß die paar Meter von der Ausfahrt aus der Kohlengrube bis in die Waschküche genügten, um die feuchte durchschwitzte Arbeitskleidung vereisen zu lassen. Dafür stand dann wieder in den etwas wärmeren Zeiten in der Moskowskaja Prawda: Das Kohlesoll wieder übererfüllt.

Daß es sehr viele Lager geben mußte, sahen wir am Rauch, der überall aufstieg. Kontakte gab es keinerlei. Bis auf den Aufstand im August 1953. Die Eisenbahnwaggons, die zu uns kamen, waren mit Parolen bemalt: STRAJK. Und ehe wir Deutschen das begriffen, hatte sich bei uns bereits ein Streikkomitee gebildet, das – natürlich – die Aserbaidschaner mutig anführten. Fünf Tage verweigerten wir die Arbeit. Sogar Rudenko, 1945 General-Ankläger in Nürnberg, war eingeflogen und wurde von uns ausgepfiffen. Das hat er wohl nicht verwunden, denn am nächsten Tag gegen zwölf ließ er in die Streikenden hineinschießen. Dreißig Tote, vierhundert Verletzte. Wir andern wurden, mit den Händen über dem Kopf, in die Tundra getrieben, und ich dachte schon, jetzt ist alles zu Ende. Wir mußten einen Spießrutenlauf durch eine Kommission machen, das waren, wie sich herausstellte, die Spitzel, die unsere Aktivisten identifizierten, die wurden noch ein bißchen weiter weggeschickt, kälter freilich war es dort auch nicht mehr. Die erste Nachtschicht, zu der ich gehörte, werde ich nie vergessen. Wir konnten vor Erschöpfung gar nicht die Spitzhacke halten, und es gab reife Männer, die saßen auf der Kohle und weinten und ließen sich von den Brigadiers schlagen.

Über den ganzen Streik (inzwischen sind ja einige Bücher erschienen) wurde Schweigen gebreitet, jeder hatte Angst, überhaupt darüber zu sprechen. Nicht einmal mit den Komis konnte man das. Wir verstanden ja auch nicht ihre Sprache. Sie holten Glasscherben aus der Tasche und zeigten sie uns, damit hätten wir den Wachsoldaten die Hälse aufschneiden sollen. Aber wir kamen ja gar nicht an die Bewacher heran.

Die Komi sind friedliche Leute, Nomaden, die mit Rentierherden durch das Petschoragebiet ziehen. Auf die neue Macht waren sie auch nicht gut zu sprechen, denn die nahm ihnen einfach die Rentiere weg und bezahlte mit Feuerwasser.

Sie kamen zu Schichtbeginn zu uns ins Lager, unter

der Jacke links eine Flasche Wodka, rechts die Patronen. Das gaben sie uns. Denn kein Komi ging unter Tage, da fürchteten sie sich davor. Und wenn es ihnen auch verboten war, den Häftlingen Sprengstoff zu geben, so nahmen wir ihn, um die Kohle abzusprengen, und ich kann mich nicht erinnern, daß jemals irgend etwas passiert war.

Wir haben unser Soll auch bestens erfüllt. Denn einmal stand unser Schacht 29 sogar auf der Titelseite der Prawda, wie vorbildlich wir das Soll erfüllt hätten, wir, die Komsomolzenbrigade Roter Banner, die dafür auch noch ein goldenes Abzeichen erhielt. Freilich haben wir, solange wir in Workuta waren, nicht einen einzigen Komsomolzen gesehen.

Nach der Sklavenbefreiung durch Chruschtschow wanderten die Ex-Häftlinge zu Hunderten, zu Tausenden, ja zu Zehntausenden ab. Keiner konnte sie dort halten. Auch mit den höchsten Prämien nicht. Heute höre ich, werden sie bezahlt wie die Goldarbeiter in Clondike, nur da wie dort wird kein Gold mehr gefördert. Im Gegenteil, die Bergarbeiter streiken und verschwinden wenn sie können. Auch wenn es inzwischen in Workuta mehr Fleisch geben soll als in Kiew oder Karaganda. Rentierfleisch. So gut schmeckt das nämlich auch nicht.

Trotz der hohen Prämien entvölkert sich das Gebiet. Bald wird es eine Geisterstadt sein. Man könnte ja Touristenreisen arrangieren. Die Lager existieren sicher noch, wenigstens einige. Vielleicht kann man ja eine Fluglinie, wenigstens zweimal in der Woche, nach Workuta einrichten. Für Nervenkitzel verbürge ich mich.

Beten in der Zelle

Ich komme aus Gleiwitz in Oberschlesien, eine Gegend, die zu 90 Prozent katholisch ist, nicht das kirchliche Ritual war katholisch, die ganze Umgebung, die Schule, der Kinderhort, die Don-Bosco-Stunden, die Beichte, die Kommunion, die Abend-Andachten. Ich war ganz geprägt davon. Es war selbstverständlich, daß wir (als Kinder) jeden Abend zur Maiandacht gingen, im Oktober mit der Mutter zusammen in die Rosenkranz-Andachten, daß wir zu Hause kirchliche Lieder sangen, in der Pfarrbibliothek unsere Bücher ausliehen, im Borromäus-Verein, und bei der Kollende. Wenn meine Mutter erzählte, wie gern ich lese, bekam ich vom Pfarrer neben dem Segen auch den Michaels-Kalender. Ich habe erst, als ich schon zehn Jahre alt war, überhaupt erfahren, daß es eine städtische Bibliothek gab, wo ich ebenfalls für fünf Pfennige ein Buch ausleihen konnte, und das waren Schriftsteller, die es im Borromäus-Verein gar nicht gab, wie Fontane, Dostojewski oder Tolstoi. Die alte Frau im Borromäus-Verein, die inmitten ihrer Bücher immer älter und runzliger wurde, die in ihrem Stuhl saß, mit einer Decke um die Füße, weil sie immer fror, auch im Sommer, und die immer las, und ich dachte schon, die muß doch alle Bücher bereits einmal gelesen haben, und das hatte sie wohl auch, sie bemerkte wohl durch ihre dicke Brille, daß ich immer seltener kam, aber sie fragte nicht warum, sie wußte es. Je älter ihre Leser wurden, umso weniger befriedigte sie die Auswahl der Bücher. Ich sagte ihr auch, daß ich jetzt in die städtische Bücherei gehe, meine Bücher zu leihen, dagegen hatte sie auch nichts. Sie wollte nur nicht, daß ich in die privaten Ausleihbüchereien gehe, die hätten zu viel schlechte Literatur, wie sie meinte. Ja, das gab es damals noch, kleine Buch-Läden, die keine Bücher verkauften, nur verliehen, die waren teurer als die katholische Kirchenbibliothek, aber es gab dort aufregende Liebesgeschichten, spannende Kriminalromane und Abenteuer in fernen Ländern oder Western-Romane, solche Bücher gab es nur dort. Die Leihgebühr war auch viel teurer, ich konnte sie mir gar nicht leisten, außerdem mußte man schon 14 Jahre alt sein, das stand groß gedruckt auf einem Schild. Ich las diese Bücher bei einer Nachbarin mit, bei Frau Mainka, sie waren in Cellophan gehüllt, und man konnte den Umschlag abwaschen, aber innen gab es dicke Fettflecken.

Ich betete jeden Tag zu Haus. Beim Waschen in der Frühe. Mutter kämmte sich ihr langes Haar und flocht es zu einem Nest. Dabei bewegten sich ihre Lippen. Vor dem Essen sprach einer von uns das Tischgebet. Aber am schönsten war es, wenn Tante Dora zum Essen gekommen war, etwa zur Kirchweih oder wenn einer von uns Geburtstag feierte, sie erfand sich Gebete, die ich noch nie gehört hatte, von Heiligen, von Märtyrern, von Hungernden und von Satten. Ich sagte am Schluß Amen.

Es war eine katholische Atmosphäre, so habe ich das später genannt. Ich hätte gar nicht anders leben können. In Gleiwitz haben die Eltern zum Beispiel über die Predigten von Pfarrer Pattas geredet, manchmal sagte meine Mutter nur: das war heute eine besonders schöne Predigt. Das war schon viel. Vater sagte nichts, obwohl er neben ihr gesessen hatte. Später, als ich dann schon in der DDR lebte, hörte das ganz auf. Manchmal betete ich noch stumm, vor dem Schlafengehen, manchmal ging ich in eine Kirche, um ein Vaterunser zu beten, und in jedem Fall zur Christmette. Aber die letzten Jahre war das weg. So wie meine Kindheit ganz katholisch geprägt war, bis in die Seele, bis in die Fasern meines Herzens, so war ich später in der DDR eher antikirchlich geprägt.

Das gab es nicht mehr. Man sprach nicht darüber. Ich erinnere mich, daß ich einmal von Köthen (Anhalt) nach Berlin gefahren war. Ich hatte vom Kulturbund zur demokratischen Erneuerung einen Preis bekommen für eine Erzählung mit dem Titel Warum. Die Jury bestand aus Schriftstellern, die im Dritten Reich in der Inneren Emigration waren. Ich habe sie alle kennengelernt, Peter Huchel, Martin Kessel, Herbert Roch, August Scholtis, Ruth Hoffmann, Günther Birkenfeld. Ich konnte am Abend nicht mehr zurückfahren, und Birkenfeld lud Scholtis und mich ein, bei ihm zu übernachten. Es war Samstag. Wir wollten gemeinsam am Sonntag frühstücken.

Als ich in die Küche kam, war Scholtis nicht da. Birkenfeld sagte, der ist schon gegangen, er geht ja jeden Sonntag in die Messe. Er wird auch nicht mehr wiederkommen. Ich hörte zu. Eher ungläubig. Von uns wäre keiner auf die Idee gekommen, Sonntag früh in die Kirche zu gehen. Ich erinnerte mich dabei, daß ich über Jahre hinweg immer sonntags in den Kindergottesdienst gegangen war. Das war einfach selbstverständlich. Jetzt war das Bedürfnis gar nicht mehr vorhanden. Es fiel mir überhaupt erst durch Scholtis ein, daß es Leute gab, die sonntags in die Messe gingen. Scholtis stammte aus dem Hultschiner Ländchen, also um die Ecke von Gleiwitz. Ihn hatte der Volks-Katholizismus vierzig Jahre geprägt. Mich nur vierzehn. Das war wohl der Unterschied.

Jetzt, in der Zelle, fing ich wieder an zu beten. Ich erinnerte mich an alle Gebete meiner Kindheit, vom Rosenkranz bis zum Glaubensbekenntnis, zum Vaterunser, zum Ave-Maria, und am Schluß fügte ich immer ein: Hilf mir, daß ich aus der Zelle rauskomme. Später: Hilf mir, aus dem Lager. Und noch später: Hilf mir, daß ich wieder in die Freiheit gelange.

Ich glaubte daran, ja jetzt glaubte ich wieder daran, daß mir die Gebete helfen würden. Ich kniete mich nicht hin. Ich wollte nicht, daß die anderen sehen, wie ich betete. Aber ich machte das Kreuzzeichen über meinem Gesicht und schlug mir auf die Brust beim Herr erbarme dich unser. Das sahen sie. Und sie respektierten es.

Es gab Bibelforscher unter uns. In dieser Zelle war es nur einer. Das kriegte ich erst nach einer Weile heraus. Während wir alle auf unserem Strohsack saßen oder in der Zelle im Kreis umhergingen, denn die Viertelstunde Hofgehen war ja zu wenig, während wir morgens eine Art Gymnastik probierten, stand der Bibelforscher an der Tür, als ob sie ihn gleich holen würden. Er stand fast immer, mit einem alten Militärmantel über den Schultern. Er guckte niemand an. Wenn ich ihn etwas fragte, antwortete er nicht. Ich glaube, die Wörter drangen gar nicht an sein Ohr. Es schien, als sei er in einer anderen Welt. Vielleicht sogar in der richtigen. In der Welt muß man leiden. Und die Zelle war dafür da, daß man litt, leiden mußte. Im Leiden erst erfährt man die Welt.

Später, im Lager, habe ich noch viele Bibelforscher erlebt. Sie sprachen kaum oder gar nicht. Sie hatten alle dieselbe Haltung, aufrecht, sie hatten den Oberkörper zur Seite geneigt. Daran konnte man sie schon von weitem erkennen. Wenn der Tod käme, sollte er sie aufrecht bekommen. Viel gesprochen habe ich mit ihnen nicht. Aber das lag an ihnen. Sie wollten nicht reden. Und dann war es so, sie verschwanden plötzlich, es kamen andere. Niemand wußte, wohin sie geraten waren. Und niemand wollte es eigentlich so genau wissen. Ich habe sie immer bewundert. Aus der Ferne.

Ich betete, weil ich in meine Kindheit flüchtete. Es war das einzige, was mir geblieben war. Die Erinnerung daran. Natürlich erinnerte ich mich auch an meine Untermiet-Zimmer in Potsdam, an die Freunde Günter Kunert, Christa Reinig, Arnim Juhre, Martin G. Schmidt (der sich später Gregor-Dellin nannte). Alles verschwand wie hinter einem dicken Nebel. Was blieb, war die Kindheit, der Wald vor dem Vaterhaus, die Spaziergänge mit Mutter oder Vater, niemals gingen sie beide zusammen, Mutter erklärte mir die Pflanzen, Vater steckte mir Steine in die Taschen, blanke und auch erdhafte, ich fürchtete ihn, ich dachte manchmal, was würde sein, wenn er mich weiter hinten in den Klodnitzkanal schubste, ich würde schreien, aber doch untergehen, mit den schweren Steinen in den Taschen. Der Regen, der niemals aufhörende Regen im Mai, der Schnee im Winter, der manchmal schon im Oktober zur Kirchweih kam, die Luschen, die gefroren waren, auf denen wir kaschelten, und die Schneestürme, die mich zu Haus hielten, in der warmen Küche der Blick durch die gefrorenen Fensterscheiben, und das Klimpern des Klaviers aus dem andern Zimmer. Die Wallfahrten zum Annaberg, nach Deutsch-Piekar …

Das war ganz nah vor mir. Da war mein Gott näher. Und ich dachte immer, ich werde ihn brauchen. Ja, manchmal dachte ich, vielleicht haben sie mich deshalb in die Zelle geworfen, weil ich den katholischen Gott vergessen oder verloren hatte. Aber dann dachte ich auch, jetzt ist es genug. Jetzt könnte er mich ausstoßen aus der Zelle, wie er Jonas aus dem Bauch des Wals ausgestoßen hat. Ausstoßen in die Freiheit. Und ich dachte manchmal daran, als wäre das Ganze nur ein böser Traum. Ich würde aufwachen und wäre wieder in meinem kleinen Zimmer, würde mit der S-Bahn nach Ostberlin fahren und würde mich unter die Assistenten von Brecht mischen, der sich auf der Probebühne in seinen Schaukelstuhl setzte, und Palitzsch sorgte unauffällig dafür, daß die Proben begannen.

Ich schlief viel. Ich schlief fast immer. Ich hatte mir so einen Dämmerzustand zurechtgemacht, ich hörte die Geräusche der Zelle, aber ich schwamm mit meinem Bewußtsein darüber. Es war nicht so, daß ich daraus erwachte. Ich blieb manchmal den ganzen Tag so, die ganze Nacht. In der Einzelzelle hatte ich das gar nicht unterscheiden können. Weil das künstliche Licht Tag und Nacht brannte. Es war eine Art, die Gegenwart zu vergessen. In Wirklichkeit vergaß ich sie nicht. Aber was heißt schon Wirklichkeit. Es gab die Mithäftlinge um mich herum, es gab die Geräusche des Kübels, es gab den Gestank des Chlors. Es gab das laute knallige Öffnen der Klappe, wenn die Kalfaktoren uns das Essen brachten. Es gab das gierige Schlürfen der Suppe. Aber war das die Wirklichkeit?

Jedenfalls habe ich nie mehr so gläubig gebetet wie in der Zelle. Im Lager war das anders. Im Schacht 29 waren einige Priester eingesperrt, wie wahrscheinlich in allen Lagern, es waren meistens Litauer, und sie fanden rasch Kontakt zu den katholischen Häftlingen. Ich habe heimlich gebeichtet, ich habe heimlich die Kommunion empfangen. Während wir die Lagerstraße entlanggingen und so taten, als würden wir über etwas reden. Ich beichtete meine Sünden. Aber ich hatte keine. Der Priester gab mir die Absolution. Er zog ein Kästchen aus der Tasche, das mit weißem Fußlappen-Leinen ausgeschlagen war, dort war eine Hostie drin, die er sich von einem Kalfaktor hatte geben lassen. Er schob mir rasch, und so, daß es kein Wachtposten auf den Türmen bemerkte, die Hostie in den Mund. Wir gingen weiter. Ich habe gebetet. Aber anders als in der Zelle.

Ich schlug mir auf die Brust und sagte tonlos: Herr erbarme dich meiner. Ich sagte nicht: unser. Ich wollte, daß er sich meiner erbarme, mir helfe, aus der Zelle zu kommen, nur mir. Was gingen mich die andern stinkenden Häftlinge an? Herr erbarme dich meiner.

Unterwegs wurde etwa die Hälfte unseres Raswods in andere Lager gebracht. Wir waren schon neugierig, in welches sie uns bringen würden. Im Grunde war es gleich, denn alle Lager versorgten die umliegenden Kohlegruben mit Arbeitern. Wir kamen ins Lager zehn, das zum Kohleschacht 29 gehörte. Ich kriegte einen Platz auf einer Dreierpritsche in Baracke zehn. Dort war ich der einzige Deutsche. Ich mußte noch am selben Abend zur Schicht, Brigade zwölf, Nachtschicht. Ich hatte danach wochenlang Nachtschicht, bis wir uns lauthals beim Natschalnik beschwert haben. Die Russen können nicht sehr gut organisieren, und wenn sie einmal die drei Schichten angeordnet hatten, dann ließen sie es dabei.

Der Narjadczyk, selbst ein Häftling, der für die Schicht verantwortlich war, zog mit seinem Holzbrettchen durch die Baracke und rief uns namentlich auf. Wir mußten ebenfalls unseren Namen sagen, Vorname, Vatersname, Paragraphen, und Verurteilung (srok). Das war unser Appell jeden Abend, wenn wir zur Schicht gingen, und so war es jeden Morgen, wenn wir zurückkehrten. Ich kann nicht sagen, daß sie uns schikanierten. Sie ließen uns einfach stehen. Meistens eine halbe Stunde, manchmal auch eine ganze Stunde. Das hing von den russischen Wachleuten ab. Manche ließen uns lange stehen. Manche schickten uns gleich in die Baracke.

Im Schacht teilten sie mich gleich Unter Tage ein. Erst später wurde ich von einem Arzt untersucht. Die Ärzte waren ausschließlich Juden. Warum die im Lager saßen, erfuhren wir nicht. Sie sprachen nicht darüber. Meist war es so: hatte einer von ihnen draußen darüber geredet, daß er nach Israel auswandern möchte, schon wurde er als Zionist verhaftet.

Fünfundzwanzig Jahre

Unser Stations-Arzt war zu den Deutschen besonders freundlich. Er sprach sehr gut Deutsch, hatte in seiner Jugend die deutschen Klassiker gelesen. Ich glaube, er konnte immer noch nicht begreifen, warum die Deutschen die Juden ausrotten wollten. Aber er sprach davon, daß die Russen antisemitisch seien, es schon immer gewesen waren, und daß der NKWD jetzt wieder neue Pogrome vorbereite. Krank geschrieben wurde man, wenn man mehr als 37,5 Fieber hatte. Der Arzt musterte mich, ich mußte meine Wattejacke ausziehen, er klopfte mir den Rücken ab und guckte mir in den Mund, das war alles. Kategoria Schachtje. Also, es blieb dabei, Spätschicht. Im Schacht kriegten wir neue Arbeitskleidung. Wir wurden vom Brigadier in Dreiergruppen eingeteilt, ein Bohrmeister (?) und zwei Arbeiter. Mich wollte keiner haben, man sah es mir schon von weitem an, daß ich für die Kohlearbeit viel zu schwach gebaut war. Es kam aber darauf an, sein Soll zu erfüllen, eher durfte man nicht ausfahren. Manche waren schon nach sechs Stunden fertig. Da, wo ich war, dauerte es immer länger. Wir schufteten manchmal zehn Stunden, ehe sie uns ausfahren ließen. Der X. kam etwa nach der Hälfte der Schicht, da konnte er schon sehen, wann die Gruppe Brigade fertig sein würde. Er verteilte die Blechmarken zur Ausfahrt, ohne sie kam niemand raus.

Ein Litauer, klein, aber zäh, war der einzige, der mich mitnahm. Paidiom sagte er, und zog mit mir in den Stollen. Nein, es kann wohl keine Freude für ihn gewesen sein, mit mir zu arbeiten. Aber er klagte nicht. Er schuftete für zwei. Wenn im Stollen gesprengt wurde, und die Gase waren noch gar nicht verschwunden, da fing er schon hustend an, die Kohle auf den Transportjor zu schaufeln. Von dort wurde sie unterhalb des Stollens von einer Lore aufgenommen. Ich mußte aufpassen, daß sich keine Kohlenbrocken unter die Kette schoben, dann blieb er einfach stehn, und ich mußte die Kette erst wieder reparieren. Die schwerste Arbeit war für mich Stolki ziehen ... Also Holzpfähle mit einer Drahtschlinge nach oben ziehen. Das Flöz war ziemlich niedrig, und ich mußte gebückt gehen. Seitdem habe ich meine Rückenschmerzen.

Ich gab mir alle Mühe, aber manchmal brachte ich meinen Litauer zur Verzweiflung. Er fluchte auf russisch, niemals würde er wieder mit einem Deutschen in die ›Brigade‹ gehen. Und doch nahm er mich am nächsten Tag wieder mit.

Brauskas sprach nicht viel. Aber ich wußte, daß er mich mochte. Die Zapaltschiks, wie die Sprengmeister hießen, waren freie Komis, kleinwüchsige, schlanke, ständig hustende und meist betrunkene Männer, die bis vor kurzem noch mit den Rentierherden unterwegs waren. Sie konnten kein Wodka vertragen. Schon nach ein paar Schlucken fingen sie an zu lallen. Da die Häftlinge kein Sprengmaterial in die Hände bekommen sollten, beschäftigte man die Komis als Sapaltschiks. Sie hatten wohl auch einen Lehrgang mitgemacht, aber inzwischen alles längst vergessen. Ihre Arbeit wurde auch nicht gebraucht. Sie schleppten die Sprengpatronen in den Schacht, übergaben sie dem Brigadier, dann verschwanden sie wieder. Die Brigadiere sprengten selbst. Manchmal brachten die Komis Zapaltschiks eine Flasche Wodka mit. Brauskas verstand sich darauf, sie ins Lager zu schmuggeln. Und manchmal lud er mich zum Trinken ein. Wir sangen deutsche und litauische Lieder, und umarmten uns. Brauskas konnte noch schlechter Russisch als ich.

In manchen Baracken befand sich so eine Art Kabuff, mit Mänteln zugehängt. Da wohnte ein Blattnoi. Und er hatte einen jungen Geliebten, der mußte nicht zur Arbeit, bekam gut zu essen. Manchmal, wenn der Blattnoi des Geliebten überdrüssig war, schmiß er ihn raus und holte sich einen andern. Wir alle wußten davon.

Eines Tages schob mir der Geliebte des Blattnois ein Stück Ölpapier zu, mit einem Streifen Vaseline. Ich wußte nicht, was das zu bedeuten hatte, aber Brauskas klärte mich gleich auf. Du sollst dir den Arsch damit einschmieren, er will dich ficken.

Ich war zweiundzwanzig und einer der Jüngsten im Lager. Die Blattnois wollten immer nur junge Burschen. Brauskas schlug vor, in eine andere Baracke umzuziehen, das ging nicht ganz einfach, weil die Arbeitsbrigaden zusammen wohnten. Aber es gelang ihm, einen der Baracken-Ältesten und den Narjadczyk mit Wodka zu bestechen. Doch der Blattnoi lauerte mir auf und schob mir erneut Vaseline zu. Ich hatte einfach Angst. Den wirst du nicht los, sagte Brauskas. Wenn er sich in den Kopf gesetzt hat, dich zu kriegen, dann kriegt er dich. Du weißt ja, wie mächtig die Blattnois sind. Ich ging ins Stationar und behauptete Fieber zu haben. Der Arzt konnte mich nicht krank schreiben, ich hatte ganz normale Temperatur. Da erzählte ich ihm von dem Blattnoi und was er mit mir vorhatte. Der Arzt glaubte mir. Und er schrieb mich für zwei Tage ins Stationar ein. Im Stationar gab es sechs Betten, die meisten Häftlinge lagen dort wegen Ödemen. Sie hatten aufgeblasene Wasserköpfe. Sie wurden dort gepflegt und mit Vitaminen aufgebaut. Ging es ihnen besser, wurden sie wieder in die Arbeitsbaracken gelassen. Manche waren schon zwei oder gar dreimal dort. Einer ist nicht mehr herausgekommen. Er ist daran gestorben.

Als ich schließlich entlassen wurde, erfuhr ich, daß der Blattnoi, der so hinter mir hergewesen war, sich inzwischen einen anderen Geliebten in sein Kabuff geholt hatte, und ließ mich in Ruhe.

Brecht

Nach meiner Verhaftung fand im Berliner Ensemble eine Betriebs-Versammlung statt, zu der nicht viele gekommen waren. Immerhin, man forderte, das Ensemble solle sich in einem Brief an die Justizbehörden nach mir erkundigen. Ich war ziemlich neu da, viele kannten mich noch gar nicht, aber ich glaube, bei denen, die mich kannten, war ich beliebt. Ich hatte wenig Gelegenheit, mit den andern in Kontakt zu kommen. Ich saß jeden Vormittag auf der Probebühne und notierte besondere Vorkommnisse, es waren eine Menge Assistenten, die ›besondere Vorkommnisse‹ notierten, wir sprachen nur wenig miteinander. Wir saßen im Halbdunkel, Brecht vor uns, in seinem Schaukelstuhl, mit der Virginia im Mund. Palitzsch kümmerte sich um die Inszenierung, die ja Brecht schon vorher mit Neher gemacht hatte. Brecht sagte nicht viel. Wenn er etwas zur Korrektur (oder Veränderung) sagte, dann war es für uns alle verblüffend, wie genau er das gesehen hatte.

Als Curt Bois den Hatelma-Berg bestieg, der aus zusammengeschobenen Tischen bestand, schien ihm der Text zu lang (Milchkannen scheppern im finnischen Winterwald), er balancierte ja da ziemlich gefährlich herum. Und Brecht war sofort einverstanden, daß er den Text kürzte.

Die beiden, mit denen ich engeren Kontakt hatte, waren Heinz Schubert, der gerade als junger Regie-Assistent engagiert war, und Martin Pohl, auch ein Meisterschüler. Curt Bois, der in jener Zeit die Neubesetzung des Puntila (nach Steckel) probte, nahm mich jeden Abend mit seinem kleinen Auto mit. Er wohnte in Babelsberg.

Als nach der Versammlung zwei Assistenten zu Brecht gingen, um ihn über die Verhaftung seines jungen Schülers zu informieren, hatte er sich eingeschlossen. (Christa Reinig, 1965)

Helene Weigel, Leiterin des Berliner Ensemble, hat zwei Mitarbeiter nach Potsdam geschickt, die sich bei meiner Wirtin nach mir erkundigten. Als sie erfuhren, daß der Stasi mich verhaftet hatte, forschten sie nicht weiter nach. Die Weigel soll gesagt haben: Vielleicht war Bienek doch ein amerikanischer Spion. Man verhaftet doch bei uns nicht so einfach unschuldige Leute.

Martin Pohl, ebenfalls Meisterschüler bei Brecht, der ein halbes Jahr später verhaftet wurde, wurde wegen Spionage zu sechs Jahren Haft verurteilt. Er saß in Bautzen und ist nach vier Jahren amnestiert worden. Auf Veranlassung von Brecht wurde ihm Papier und Tinte in der Zelle erlaubt. Das war ein ungewöhnliches Privileg. Nach Pohls Angaben bekam er das Papier aber nur einmal. Spätere Eingaben von ihm wurden gar nicht beantwortet.

Nachwort

Wenige Tage nach Horst Bieneks qualvollem Tod in einem Münchner Krankenhaus am 7. Dezember 1990 gingen Ota Filip und ich in sein Haus in Ottobrunn, um nach dem Rechten zu sehen. Das Arbeitszimmer, im ersten Stock gelegen, mit einem weiten Blick über die Felder dieses damals noch ländlich geprägten Vororts von München, sah so aus, als sei es eben erst verlassen worden. Nur die vertrockneten Blumen auf dem Schreibtisch erinnerten daran, wie lange Horst Bienek auf seine vertraute Umgebung hatte verzichten müssen. In diesem mit Büchern, Manuskripten, Schallplatten, Fotos und Bildern vollgestopften Raum hatte Bienek die Bände seiner oberschlesischen Chronik geschrieben, dazu die Begleitbücher, die Essays und Kritiken, die Tagebücher und seine zu seinem Leidwesen gelegentlich ausufernde Korrespondenz. Aus den jetzt transkribierten Tagebüchern, die in der Gottfried Wilhelm Leibniz Bibliothek in Hannover aufbewahrt werden, wissen wir, wie oft er sich selbst zur Ordnung rufen mußte, um der Arbeit am Schreibtisch treu zu bleiben. Und wir können jetzt auch nachlesen, wie oft er der Arbeit entwischt ist, um sich in der Stadt ins Leben zu stürzen. Diese im Tagebuch mit Stolz und Scham zugleich notierten Ausflüge ins homosexuelle Milieu von München, von den »Klappen« über die »Saunas« bis zu einschlägigen Lokalen, wurden bei ihm zu einer Obsession, unter der er, wie er mir oft »gebeichtet« hat, schwer zu leiden hatte. Kam er dann in der Nacht nach Ottobrunn zurück, mußte er schuldbewußt »nachsitzen«, um das selbst gesteckte Pensum zu schaffen. Oft half ihm die Musik über seine immer stärker sich meldenden Zweifel und Verzweiflungen hinweg. Sein Tagebuch ist auch ein leidenschaftliches Bekenntnis zur Musik.

Ota Filip, aus der Tschechoslowakei emigrierter Freund und Kollege aus der Bayerischen Akademie der Schönen Künste, fand neben der elektrischen Schreibmaschine auf Bieneks Arbeitstisch ein Konvolut von Blättern, das nun – zwanzig Jahre nach dem Tod des Autors – in diesem Buch zum ersten Mal vollständig gedruckt vorliegt. Der Text handelt in der Hauptsache von Workuta, dem ungastlichen Ort nördlich des Polarkreises, in dem Bienek fast vier Jahre, von 1952 bis 1955, in einem Arbeitslager verbringen mußte, nachdem er am 15. März 1952 in Ost-Berlin durch ein inzwischen kassiertes Urteil eines sowjetischen Militärtribunals zu zwanzig Jahren Zwangsarbeit wegen Spionage verurteilt worden war:

Gemäß Art. 319 und 320 der Strafprozeßordnung der Russischen Sozialistischen Föderativen Sowjetrepublik

ergeht folgendes Urteil:

Bienek, Horst wird gemäß Art. 58-10 Teil 2 in Tateinheit mit Art. 58-2 des Strafgesetzbuches der Russischen Sozialistischen Föderativen Sowjetrepublik zu zehn Jahren Zwangsarbeitslager verurteilt unter Konfiszierung seiner eingezogenen Wertgegenstände mit den Belegnummern 135Y und 9660. Er ist zudem gemäß Art. 58-6 Teil 1 des Strafgesetzbuches der Russischen Sozialistischen Föderativen Sowjetrepublik zu zwanzig (20) Jahren Zwangsarbeitslager zu verurteilen unter Konfiszierung seiner eingezogenen Wertgegenstände mit den vorstehend bezeichneten Belegnummern.

Aufgrund der Gesamtheit der begangenen Straftaten sind gemäß Art. 49 des Strafgesetzbuches der Russischen Sozialistischen Föderativen Sowjetrepublik für die Verbüßung der Strafe durch Bienek, Horst laut Art. 58-6 Teil 1 des Strafgesetzbuches der Russischen Sozialistischen Föderativen Sowjetrepublik zwanzig (20) Jahre Zwangsarbeitslager festzusetzen unter Konfiszierung seiner eingezogenen Wertgegenstände mit den Belegnummern 135 Y und 9660.

Der Antritt der Strafe erfolgt laut Berechnung unter Einbeziehung der Dauer des Ermittlungsverfahrens gegen Bienek, Horst ab dem 8. November 1951. Aus Sicherheitsmaßnahmen ist Bienek, Horst in Sicherungsverwahrung zu halten.

Gegen das Urteil kann keine Berufung eingelegt werden.
Vorsitzender Richter Molokanow (gez. Unterschrift)
Mitglieder Belenki (gez. Unterschrift)
Komarow (gez. Unterschrift)

Bei den Wertgegenständen handelte es sich um »sechs Mark (Ost), eine D-Mark, eine gelbe Armbanduhr ohne Krone«; Grund für die Verurteilung war unter anderem die Beschaffung und Weitergabe eines öffentlich zugänglichen Telefonbuchs von Potsdam.

Die skandalösen Umstände seiner Verhaftung, die jedes normale, aber auch jedes weniger anspruchsvolle Rechtsempfinden verletzende Art und Weise seiner Verurteilung und das beredte Schweigen seines »Chefs« Bert Brecht zu diesem Vorgang, von dem nicht einmal eine bedauernde mündliche Stellungnahme bekannt geworden ist, können an dieser Stelle nicht noch einmal erzählt und kommentiert werden.* Tatsache jedenfalls ist, daß der

* In der Habilschrift von Daniel Pietrek »Ich erschreibe mich selbst. (Autor-)Biografisches Schreiben bei Horst Bienek«, Dresden 2012, ist der Vorgang in aller Ausführlichkeit protokolliert.

zweiundzwanzigjährige Horst Bienek, der seine oberschlesische Kindheit hinter sich hatte und eine ungewisse Existenz als Künstler im östlichen oder westlichen Teil Berlins vor sich, im Juni 1952 seine Reise nach Workuta antreten mußte. Im Jahr 1955 – nach Stalins Tod – wurde Bienek zurückgeschickt; im September 1994 wurde er posthum rehabilitiert.

*

Als ich Horst Bienek in München kennenlernte, hat er mir viel von Workuta erzählt. Das ergab sich insofern ganz von selber, als mir das Lektorat seines ersten Romans »Die Zelle« anvertraut worden war, der in seinem damaligen Stadium noch ohne Punkt und Komma und in konsequenter Kleinschreibung abgefaßt war, und ich dementsprechend viel Zeit mit dem Autor, der nie zuvor einen Roman oder auch nur ein längeres Prosastück geschrieben hatte, verbringen mußte, um ihn zu einer normalen Schreibweise zu überreden. Der Inhalt und die Form dieses Romans schienen mir abstrakt genug zu sein, warum sollte man seine Lektüre durch eine eigenwillige Schreibweise noch erschweren? Ich wollte, daß Bienek deutlicher würde; Bienek – existentialistisch geprägt – wollte das »Allgemein-Menschliche« des »Eingesperrtseins« im Vordergrund haben.

Obwohl jeder, der mit Horst Bieneks Biographie auch nur oberflächlich bekannt war, wußte, daß die Erfahrungen der »richtigen« Zelle in den Roman eingegangen waren, sträubte sich der Autor mit Haut und Haaren, irgend etwas »Privates«, »Erlebtes« oder »Erlittenes« im Roman erkennbar werden zu lassen. Bienek verstand sein Buch als Teil der »lazarenischen Literatur« (ein Begriff, den er in dem Essay »Plädoyer für eine lazarenische Literatur« des französischen Schriftstellers Jean Cayrol gefunden hatte, der darin eine Theorie des Opfers, nicht des Siegers oder des Helden entwickelte). Auf diesen Begriff »lazarenische Literatur«, der für ihn ganz allgemein das Auffangbecken für die Literatur über das Leiden im 20. Jahrhundert sein sollte, ist Bienek in vielen Essays immer wieder zurückgekommen. Mit der Zelle in seinem Roman »Die Zelle« sollte also die Zelle schlechthin als herausragender Ort des 20. Jahrhunderts beschrieben sein. Es lag nahe, daß ich ihn während der Arbeit ständig fragte: Und wie war es wirklich? Um dann das wahre Ausmaß der wahren Geschichte zu hören.

*

Die Aufnahme der »Zelle«, die 1968 erschien, war alles in allem freundlich. Bedenkt man, daß auch die deutsche literarische Welt damals mit einigen anderen Problemen beschäftigt war, kann man sogar von einem Erfolg sprechen. Immerhin erschien der mit einem Umschlag von Heinz Edelmann versehene Roman in kurzer Zeit in einer zweiten Auflage, der mehrere Lizenzausgaben folgten. Bienek sah sich jedenfalls ermutigt, nach diesen ersten Schritten in längerer Prosa sich näher mit dem Romanschreiben zu beschäftigen. Es dauerte aber noch mehr als sechs Jahre, bis er sich 1974 an das Projekt wagte, das seinen literarischen Ruhm begründete: die Rekonstruktion seiner oberschlesischen Kindheit vor dem Hintergrund des Zweiten Weltkriegs. Mit unerhörtem Fleiß machte sich Bienek an die Arbeit, in deren Verlauf er sich immer neue Erinnerungsfelder zurückeroberte. So entstand das breit ausgefächerte Panorama dieser ärmsten preußischen Provinz, in der sein Elternhaus stand. Im ersten Band wird der von den Nazis inszenierte Überfall auf den Sender Gleiwitz am 1. September 1939 beschrieben, der zum Auslöser für den Zweiten Weltkrieg wurde: Seit 5.45 Uhr wird zurückgeschossen.

Horst Bienek war in den folgenden Jahren so in dieser Welt von Gleiwitz versunken, daß ihn das Thema nicht mehr loslassen wollte. Die schlammigen Ufer der Klodnitz, der Duft der Lupinen, die Birken vor den Hochöfen, die alles andere als heilige Kirche – alles mußte wieder und wieder beschrieben werden. Er veröffentlichte noch einen Materialienband, drehte und produzierte einen Film, schrieb unzählige Essays. Es war nicht abzusehen, daß er aus dieser Kindheitswelt noch einmal auftauchen wollte.

*

Es gehörte zu Bieneks Selbstdisziplinierungsprogramm, daß er dem Verlag in Abständen eine Liste seiner Veröffentlichungspläne vorlegte. Wir sollten wissen, daß er ungemein fleißig war, und wir sollten seinen Fleiß mit Zuspruch, Preisen und Anerkennung im In- und Ausland belohnen. Im Winter 1984/85 übergab er mir wieder einmal eine dieser von ihm geliebten, von mir gefürchteten Listen. Darauf stand unter anderem: Herbst 1985 – Die Suche nach dem verlorenen Land. Die vier Gleiwitzer Romane in Dünndruck und Schuber. Beigefügt als Broschüre ein Essay von Wolfgang Frühwald; Herbst 1986 – Literarische Aufsätze, herausgegeben von Peter H. Neumann; Frühjahr 1987 – Licht im Süden. Auf den Spuren von William Faulkner; Herbst 1987 – Neue Gedichte und Aufsätze zur russischen Literatur, herausgegeben von Karol Sauerland; Frühjahr 1988 – Künstlerportraits (Fotoband); Frühjahr 1989 – Aufsätze über Kunst und Künstler. Von Antes über Hockney und Bacon bis zu Salomé; Herbst 1989 – Zum 50. Jahrestag des Kriegsausbruchs eine Sonderausgabe von »Die erste Polka«, mit einem Bändchen zur Rezeptionsgeschichte; Herbst 1990: Neuer Roman.

In dem Begleitbrief zu dieser Liste, die immerhin einen neuen Roman in Aussicht stellte, schrieb er:

»Wenn ich dir einen solchen Entwurf meiner Pläne vorlege, bis hin ins nächste Jahrzehnt, dann habe ich mir das gründlich überlegt, mit meiner Zeit, meinem Leben, meiner Kraft und meinen Ideen abgestimmt. Es gibt an dem Ablauf nichts zu deuteln, und an der Romanarbeit schon gar nicht. Ich muß mir ein neues Thema erobern, und das braucht seine Zeit, wenn das was werden soll. Denk daran, daß ich nach der ZELLE sieben Jahre gebraucht habe, bis das ganz andere Thema (Schlesien, Kindheit, Krieg) da war. Dann aber habe ich dir die vier Romane versprochen, auch die Erzählung als Scherzo finale, und ich habe meine Termine gehalten. Ich habe Gottseidank meine schlesische Energie und Obsession, mit der ich auch meine geplante Arbeit in den nächsten Jahren ausführen werde. Dränge nicht an den falschen Stellen, sondern unterstütze mich lieber, damit ich in Ruhe und auch (finanziell) unabhängig meine im ganzen doch recht interessanten Pläne ausführen kann. Auch New Orleans gehört dazu – das ist keine Flucht, wie du neulich anzumerken gedachtest, sondern Erfahrung, Erleben, Epiphanie, und das gehört zu mir, das brauche ich zum Schreiben – du willst doch einen interessanten Autor haben und nicht einen literarischen Heimarbeiter, wie sie die Verlagsprogramme füllen ...«

Mit dem Roman wurde es nichts. Bienek reiste, schrieb kleinere Sachen, beschäftigte sich mit Lithographie und mit Plastiken, verfolgte die politischen Entwicklungen in Polen und in der DDR, aber mit der Arbeit an einem neuen Roman wollte oder konnte er sich nicht anfreunden.

1987 erfuhr er, daß er sich mit dem AIDS-Virus angesteckt hatte. Ich hatte ihn zwei Jahre davor gewarnt, nach New Orleans zu reisen, weil ich wußte, daß er sich immer ohne jeden Schutz seinen sexuellen Eskapaden hingab – und von der Reise nach New Orleans erhoffte er sich die aufregendsten erotischen Abenteuer. Mir war klar, daß die Ansteckung nur eine Frage der Zeit war.

In dieser Situation der Unruhe und Niedergeschlagenheit empfahl ich ihm, noch einmal zum Thema seines ersten größeren Buchs zurückzukehren, zur »Zelle«. Nachdem er nun genügend Erfahrungen im Umgang mit autobiographischem Material gesammelt hatte, sollte er so konkret wie möglich und ohne jede Sentimentalität die Zeit von der Verhaftung in Potsdam bis zur Rückkehr aus Workuta vergegenwärtigen. Und da er Angst vor einem konventionellen Bericht hatte, sollte er seine Erinnerungen in zwanzig oder dreißig Erinnerungsmappen ablegen, die er täglich füllen sollte, um das Material dann unter dem betreffenden Stichwort zu ordnen und zu formulieren. Ich erinnere mich, daß wir bei der ersten Sitzung etwa fünfzehn Stichworte notiert hatten. Also: Arbeit, Hunger, Liebe/Sex, Beschreibung der Mithäftlinge, Schreiben/Papier, Träume, der Streik, die Lagerorganisation und so weiter. Ich war mir ganz sicher, daß – wie bei der oberschlesischen Chronik – der Faden der Erinnerung ihm ganz von selbst das Material liefern würde, wenn er nur einmal anfinge. Er fing an. Und natürlich lieferte die Erinnerung. Am 11. April 1990 notiert er in sein Tagebuch: »Ich arbeite seit dem 7. April (und schon vorher, aber nicht so konsequent wie jetzt) an dem neuen Buch. Es geht gut vorwärts. Jeden Tage drei bis vier (bis fünf) Seiten. Ich könnte bis Oktober fertig sein. Arbeits-Titel: Das Lager (Nach der Zelle); ein Bericht. Ganz nüchtern, ganz sachlich. Die Beschreibung des danach Erlebten. Warum ich erst jetzt – vierzig Jahre danach – darüber schreibe …?«

Seine Frage konnte er selbst nicht mehr beantworten, sie war sicher ein Schlüssel seines kurzen Lebens. Wie konnte einer, der eben noch die bitterste Kälte und den beißendsten Hunger ertragen hatte; wie konnte dieser Dandy aus Gleiwitz, der 1945, mit fünfzehn Jahren, allein nach Köthen gegangen war und von dort nach Berlin, wo er in einem von Brecht angeregten Seminar am Berliner Ensemble eine Art Meisterschüler wurde; wie konnte er, mit Workuta im Rücken, sofort Literaturredakteur werden und mit Hans Platschek Herausgeber der Zeitschrift »blätter + bilder«, mit anderen Worten: Wie viel mußte er, ganz klassisch, verdrängt haben, um vierzig Jahre nicht über Workuta zu schreiben?

Das haarsträubende Urteil, das den jungen Bienek ohne Prozeß ins Straflager geschickt hatte, wurde posthum aufgehoben. In dem Aufhebungsbeschluß der Obersten Militärstaatsanwaltschaft vom 1. September 1994 heißt es: »Die Übergabe eines damals im Handel frei erhältlichen Adressbuches mit den Einwohnern der Stadt Potsdam an seinen Bekannten Herrn Grell und des privaten Briefes an die Einwohnerin der Stadt Potsdam können nicht als Spionage qualifiziert werden. Die Überführungen persönlicher Gegenstände auf die Bitte seines Bekannten stellen ebenso keine Spionagetätigkeit dar.

Das Lesen von Zeitungen, die in der Westzone der Stadt Berlin herausgegeben und von Bienek in seiner Wohnung aufbewahrt wurden, bildet ebenfalls keinen Strafbestand.

Aus den vorstehend dargelegten Umständen ergibt sich, daß Bienek, Horst unbegründet aus politischen Gründen verurteilt wurde und auf der Grundlage von Art. 3 und Art. 5 des Gesetzes der Russischen Föderation ›Über die Rehabilitierung der Opfer politischer Repressionen‹ vom 18. Oktober 1991 zu rehabilitieren ist.«

Alles umsonst.

Inhalt

Workuta 5
Verhör 10
Tribunal 16
Nach Berlin-Lichtenberg 22
Spitzel 28
Butyrka 33
Transport nach Workuta 43
Die Hauptstädte der Welt
Workuta 48
Beten in der Zelle 53
Fünfundzwanzig Jahre 61
Brecht 65

Nachwort 67

Herausgeber und Verlag danken der
Gottfried Wilhelm Leibniz Bibliothek Hannover
für die freundliche Genehmigung zum Abdruck
des Textes von Horst Bienek.

Das Typoskript mit handschriftlichen Notizen
befindet sich im Horst-Bienek-Archiv der
Gottfried Wilhelm Leibniz Bibliothek
(Signatur: GWLB, Horst-Bienek-Archiv, Biw 3).

Umschlagabbildungen: Eintrag vom 10. Oktober 1955 in Horst Bieneks Notizbuch, GWLB, Horst-Bienek-Archiv, Biw 65 (oben); Horst Bienek 1955 nach der Rückkehr aus dem Lager Workuta, GWLB, Horst-Bienek-Archiv, Biw 50 (mitte links); das Arbeitslager Workuta, heimlich aufgenommen, in *Beschreibung einer Provinz* verwendet (mitte rechts); Horst Bienek 1990, Bayerische Akademie der Schönen Künste (unten).

Bibliografische Information der
Deutschen Nationalbibliothek
Die Deutsche Nationalbibliothek verzeichnet diese
Publikation in der Deutschen Nationalbibliografie;
detaillierte bibliografische Daten sind im Internet über
http://dnb.d-nb.de abrufbar.

2. Auflage

www.wallstein-verlag.de
Vom Verlag gesetzt aus der Stempel Garamond
Druck und Verarbeitung: Hubert & Co, Göttingen

ISBN 978-3-8353-1230-2